À Chris, « sorcière bien Aimée »,
Mathieu et Marine, « petits diablotins ».

Page de droite :
La prisonnière.
Argile, ficelle et fil de fer barbelé, 16 cm.
Collection D. CAMUS.

Première de couverture :
Poupée masculine percée d'épingles.
Cire peinte en gris, 28 cm.
Collection D. CAMUS.

itinéraires de découvertes • société

LA SORCELLERIE EN FRANCE AUJOURD'HUI

TEXTE et ICONOGRAPHIE : DOMINIQUE CAMUS

POSTFACE : ISIDORE FROC, prêtre exorciste

Éditions Ouest-France

Introduction

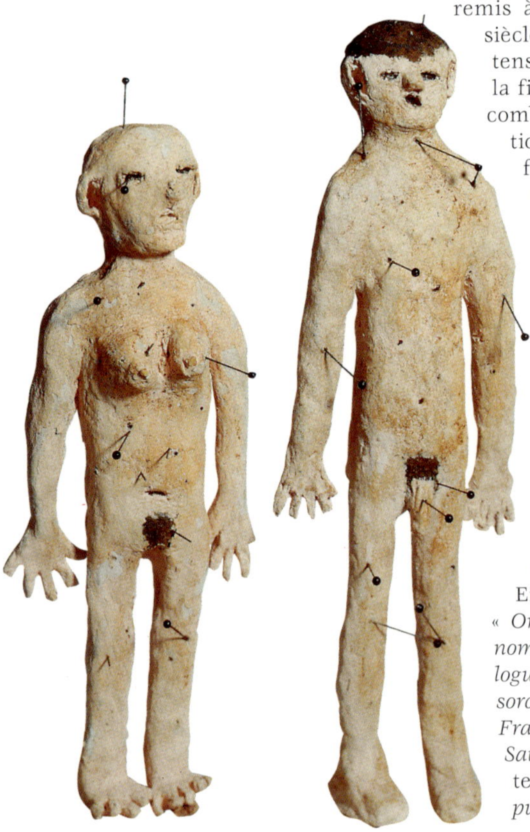

Comme nous le rappellent ces poupées d'envoûtement utilisées en Bretagne, la sorcellerie est encore présente dans notre pays. Statuettes de plâtre percées d'épingles à têtes noires. 28 et 29 cm.
Collection D. CAMUS.

En juillet 1682, Louis XIV, Colbert et Le Tellier légifèrent à propos du « *crime de sorcellerie* » et le relèguent au rang de l'escroquerie. Dès lors, les « *devins, magiciens, sorciers* » ne sont que des imposteurs guignant la bourse des « *personnes ignorantes ou crédules* ».

Malgré l'avis éclairé du Roi-Soleil et de ses conseillers, épaulés par un arsenal judiciaire maintes fois remis à jour, malgré trois siècles de propagation intensive du savoir, dont la finalité avouée est de combattre les « superstitions », malgré le fulgurant développement des sciences et techniques de cette fin de deuxième millénaire, nombreux sont encore, aujourd'hui, les Français qui considèrent que certaines personnes sont investies d'un « pouvoir magique » capable d'agir sur l'être humain et sur tout ce qui l'environne.

En 1993, *Le Point* note : « *On estime à 50 000 le nombre des voyants, astrologues, numérologues ou sorciers en France* » et « *un Français sur trois croit en Satan* ». Dans un contexte où « *18 % de la population française sont persuadés de la réalité de l'envoûtement* » *(Mystère Magazine*, n° 8, février 1993), il n'est pas étonnant de constater que les praticiens de l'occulte ont plus de consultants que les médecins et que leur chiffre d'affaires est bien supérieur à celui des généralistes (de l'ordre de 30 milliards de francs).

À l'évidence, ces données indiquent que la croyance en la sorcellerie et le recours au magique ne sont pas des faits marginaux. Comme ils s'expriment sur toile de fond de détresses humaines – physique et morale –, il me paraît impératif d'y porter un regard attentif, d'autant plus que les explications avancées çà et là n'éclairent, en définitive, en rien la « lanterne » du public. A terme, sans pour autant avoir les arguments lui permettant de se forger un avis sérieux sur la question, il est sommé de prendre parti et de se rallier à la bannière des « pour » ou des « contre », ce qui a comme conséquence de rejeter « l'autre », celui qui pense et agit différemment.

C'est pour lutter contre cette « ségrégation des idées » que j'ai entrepris d'écrire cet ouvrage. Son but est d'exposer les points clés qu'il convient de connaître sur ce sujet. Ainsi nous examinerons qui sont les sorciers, de quelle nature sont les « pouvoirs » dont ils sont crédités, quel est leur champ d'intervention et en quoi ils se différencient des guérisseurs, voyants, astrologues... avec lesquels ils sont amalgamés. Nous regarderons aussi de près ce qui amène certains de nos concitoyens à les consulter. Nous passerons ensuite en

revue les moyens que mettent en œuvre ces gens hors du commun pour répondre aux demandes de leurs clients, évaluant par là même comment ceux-ci apprécient les résultats obtenus.

Le propos de ce texte est donc de donner au lecteur des repères précis lui permettant un juste discernement des choses afin qu'il soit prémuni contre ceux qui veulent lui faire avaler des couleuvres : les charlatans qu'on ne voit jamais, mais qui sont, hélas, trop présents en ce domaine. La documentation fournie dans ce livre est fondée sur des faits réels que j'ai minutieusement observés depuis plus d'une vingtaine d'années.

Les propos qui sont exposés dans cet ouvrage sont ceux que tiennent les personnes qui participent au sujet qui nous préoccupe : la sorcellerie. En aucun cas, il ne faudrait imaginer que l'auteur les cautionne sous prétexte qu'il y a eu accès. A ses yeux, ils ont simplement valeur d'information. Mais, avant d'aller plus loin, il me semble important de préciser comment elle a été recueillie car le lecteur ne doit pas se méprendre sur sa teneur.

D'emblée, le sujet s'impose par son opacité. Peu de gens savent concrètement ce qui se joue dans cet univers caractérisé par le mystère. Or, la plupart d'entre eux ont cependant un avis sur la question et l'on vient vite à distinguer ceux « qui y croient » et ceux « qui n'y croient pas ». Si l'ethnologue n'a, bien sûr, pas à prendre parti pour l'un ou l'autre de ces deux clans, le public admet mal cette position qui est pourtant le fondement de l'objectivité scientifique. D'entrée de jeu, l'anthropologue est placé dans une situation très inconfortable qui perdurera tout au long de ses investigations car la sorcellerie n'est pas un sujet comme les autres.

En effet, depuis un siècle que se déroule le collectage des us et coutumes populaires, les gens ont appris à se défier des enquêteurs tant ils ne se reconnaissent pas dans les images

Le tarot demeure le support privilégié de la divination. Voici quelques cartes parmi les 78 que compte un jeu.
En haut : *tarot moderne.*
En bas : *tarot des imagiers du Moyen Age d'Oswald Wirth.*
Collection D. CAMUS.

qui ont été données d'eux, tant elles leur paraissent négatives.

Dans un domaine où le sorcier est assimilé au charlatan et ses clients à des ignorants superstitieux, des imbéciles ou des êtres relevant de la psychiatrie, il n'est pas facile de rencontrer des personnes qui acceptent de témoigner de leur expérience sur ce sujet.

Si l'enquêteur n'est pas éconduit de suite – ce qui est rare –, il lui est alors demandé de s'expliquer sur les motifs de sa curiosité, car il semble inconcevable qu'un scientifique puisse « perdre son temps » sur de telles questions. Or, déclarer que l'on admet la réalité de la sorcellerie et de ses effets ne change rien à l'affaire car il est impensable qu'un chercheur puisse sincèrement croire en ces choses-là.

Pour y accéder, j'ai donc dû établir la preuve, par mes attitudes et mes propos, que mon intérêt pour la question était réel et que ma démarche n'avait pas un but polémique. Faire admettre cela fut très long, d'autant que j'avais à faire à des gens qui se trouvaient dans des situations dramatiques et dont le seul intérêt était de les résoudre. En effet, à quel titre peut-on s'intéresser aux malheurs des autres si ce n'est pas pour y remédier ?

De plus, comme mon propos n'était pas seulement de cerner les motivations des personnes qui ont recours à la sorcellerie mais aussi de savoir comment les sorciers s'y prennent pour les satisfaire, ma démarche fut d'autant plus ardue car assujettie au bon vouloir d'individus qui avaient d'excellentes raisons pour ne pas attirer l'attention sur eux : celle du fisc, qui voit rarement la couleur de l'argent sorcier, celle de leurs homologues susceptibles de profiter de la rupture de leur anonymat pour contrarier leurs opérations. Dans un tel univers où la loi du silence prédomine, les curieux

Le tireur de cartes, Lorient, Morbihan.
Collection M. COBAC, Fougères (I.-&-V.).

sont proscrits. Il n'y a donc que des acteurs, des personnes qui, pour des raisons spécifiques, sont autorisées à y tenir un rôle.

Si j'ai eu la possibilité de pouvoir accéder à cette face cachée des choses, en affirmant que mon intérêt pour elles était purement scientifique, ce n'est pas pour autant que j'aie pu être maître de la position me permettant de les observer. De fait, les sorciers ont toujours exigé que je les seconde peu ou prou dans leurs œuvres puisque je tenais tant à en être témoin. C'est donc de l'intérieur que je rapporte les tenants et aboutissants des pratiques sorcières d'aujourd'hui.

Mais participer ne veut pas dire adhérer. Il y a, en effet, un temps pour l'observation – obligatoirement participante dans ce cas – et un autre pour l'analyse de ce qui a été vu. Là se situe la nécessaire prise de distance que l'investigateur doit effectuer pour que ses cogitations aient valeur scientifique. Bien que l'exercice ne soit pas aisé, ne serait-ce que parce qu'il heurte obligatoirement les convictions des sorciers et de leurs clients qui pensent que la connaissance sur les sorts n'a d'intérêt que pour être utilisée, je pense néanmoins en avoir relevé le défi avec succès. J'ai pu, en effet, rendre compte de ces pratiques

Inscrites dans notre paysage les croix et les statues de saints personnages qui ornent les carrefours rendent visible la prégnance du magique. Leur fonction est de prémunir des influences « malignes » les humains qui empruntent ces points de communication.
À gauche : ***Croix avec statue, région de Redon (Morbihan).*** À droite : ***Notre-Dame-de-la-Route, région de Bourges (Cher).*** Ph. D. CAMUS.

sans en devenir le porte-parole ou le juge, sans, finalement, trahir la confiance que m'ont témoignée ceux qui ont accepté de me mener là où peu de gens vont, sans une réelle nécessité.

Mais il est temps de clore cette digression méthodologique qui nous plonge, en fait, au cœur du sujet, et de pénétrer dans l'univers des « Hommes du Don » afin d'y voir plus clair dans cet affrontement entre les tenants de la vérité rationnelle et ceux qui ne peuvent témoigner que de leur vécu.

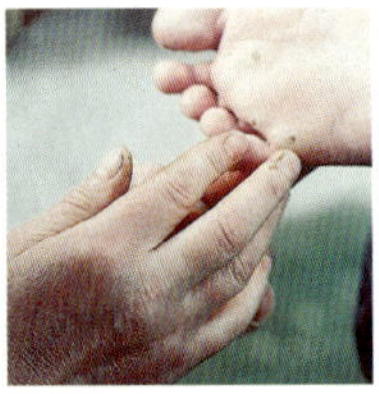
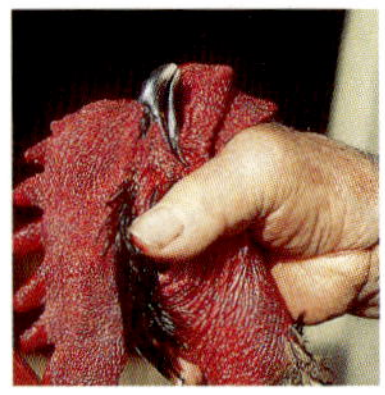
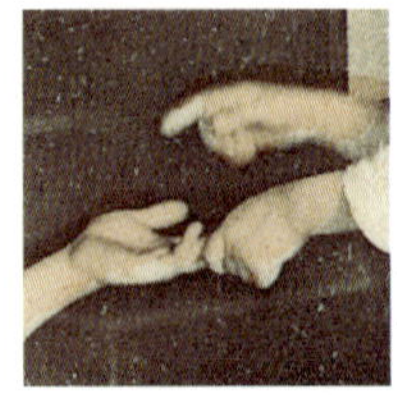

Du sourcier au sorcier : la hiérarchie des « Hommes du Don »

Lorsque l'on évoque la sorcellerie, on fait généralement état de notions qui ne relèvent pas toutes de son domaine, loin s'en faut. Pour la plupart d'entre nous, ce terme représente un vaste « fourre-tout » où sont englobés les voyants, les guérisseurs, les sorciers et autres « parapsychologues »... Afin d'éviter au lecteur de s'égarer dans les méandres de l'occulte et du paranormal, il convient de lever les confusions issues d'un tel amalgame. Aussi, gravissons l'échelle des « dons magiques », en commençant par ceux qui sont crédités de singulières aptitudes pour révéler choses et événements, voire les prédire.

La recherche des nappes phréatiques demeure toujours la prérogative du sourcier, qui se guide en interprétant les tressautements de sa baguette de coudrier.
Ph. A. MAUXION

DE LA BAGUETTE AU PENDULE : LES SOURCIERS ET LES RADIESTHÉSISTES

De tout temps, l'homme s'est employé à détecter et à dévoiler ce qui était soustrait à son regard. Ainsi, dès l'Antiquité, des individus se sont-ils vu reconnaître la faculté de découvrir des nappes phréatiques ou des minéraux en maniant une simple baguette de bois. L'explication d'un tel prodige repose sur l'idée que toute chose émet des ondes – que notre environnement n'est, somme toute, qu'un immense champ vibratoire – et que, du fait de leur complexion, certaines personnes ont le « don » de les capter. Le radiesthésiste (mot né en 1890) est donc quelqu'un dont le corps sent les rayons provenant des choses qu'il cherche. Pour déceler, par exemple, une source ou un objet, il se laisse guider par l'intensité des sensations qu'il éprouve et qu'extériorisent les tressautements de la baguette ou les girations du pendule, ceux-ci devenant plus importants à mesure qu'il touche au but.

L'art de la radiesthésie consistant à « *se brancher sur le plan vibratoire* » de ce que l'on doit trouver, les « Hommes du Don » estiment qu'il n'est pas nécessaire d'être sur le terrain pour percevoir les radiations issues de ce qu'ils recherchent. Un plan ou une photographie d'un lieu leur suffit pour rendre un verdict sur l'éventuelle présence d'une source ou de métaux.

Si la localisation de l'eau constitue l'essentiel de leurs interventions, ils sont également sollicités pour retrouver des objets égarés, parfois des personnes disparues. De même, s'emploient-ils dans le domaine médical à discerner la vibration dysharmonieuse d'un organe malade ou à déterminer le choix d'un remède adéquat. Enfin, les radiesthésistes s'estiment capables de diagnostiquer la présence d'ondes jugées négatives qui sont à leurs yeux la preuve que quelqu'un est victime de sortilèges ou qu'un endroit recèle des objets qui les propagent. C'est pourquoi le pendule ou la baguette sont fréquemment utilisés dans le registre de la sorcellerie, à condition toutefois que l'instrumentiste ait des compétences en la matière.

De gauche à droite : pendule goutte, cuivre ; pendule en cristal de roche ; pendule en bois et cuivre ; pendule égyptien ; pendule solune (Soleil-Lune).
Collection D. CAMUS.

La lecture des lignes de la main.
Collection Cartopole de Baud (Morbihan) ; extrait de l'ouvrage « Une Bretagne si étrange », Éd. Ouest-France.

La lecture des lignes de la main

La chiromancie est un procédé de divination basé sur l'interprétation des signes révélés dans les lignes de la main et les « monts » (les proéminences) qui se trouvent en dessous des doigts.

1.Le pouce ou doigt de Vénus
2.L'index ou doigt de Jupiter
3.Le médium ou doigt de Saturne
4.L'annulaire ou doigt du Soleil
5.L'auriculaire ou doigt de Mercure
6.Ligne de cœur
7.Ligne de tête
8.Ligne de vie
9.Ligne de destinée
10.Ligne du soleil
11.Ligne de mercure
12.Rascettes

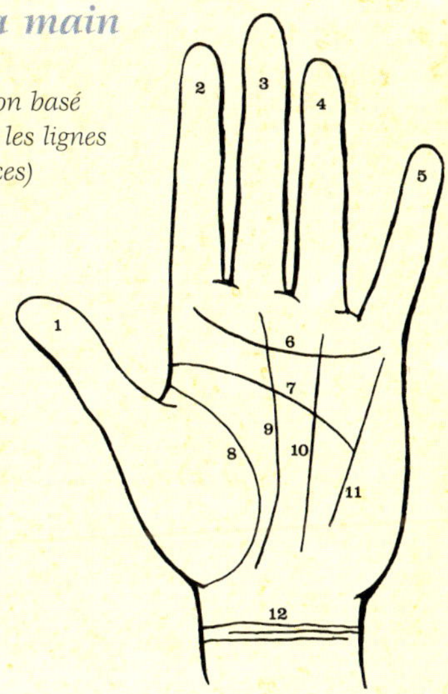

DU VOYANT AU MÉDIUM : L'UNIVERS DES EXTRA-LUCIDES

Préoccupé par son devenir, l'esprit humain s'est constamment efforcé de savoir ce que pourrait être son avenir. Le commun des mortels ne peut accéder seul à cette connaissance. Il lui faut s'en remettre aux bons offices de ceux qui ont le don : les devins.

Généralement cette faculté est acquise dès la naissance et est fréquemment une « affaire de famille », l'innéité se confondant avec l'hérédité. Elle se révèle souvent dès l'enfance par des troubles physiques (nausées, malaises, nervosité en présence de souffrants), des rêves prémonitoires,

Divination par le marc de café

La lecture du marc de café repose sur le principe que chaque signe est investi d'une signification particulière.
Ainsi les ronds et ovales annoncent le succès financier, les carrés et les ondulations des déboires et des revers. Le triangle est un présage bénéfique et la croix est funeste. Une ligne bien nette est l'annonce d'un voyage agréable et un trait tortueux ou brisé celle d'un périple éprouvant. Les figures peuvent également prédire certains aspects de l'avenir. Le poisson est la marque d'une future invitation festive, l'oiseau celle du bonheur, la roue celle d'un accident, etc.

l'irruption de « flashs » (visions d'événements, principalement funestes), des hallucinations auditives et visuelles lorsque se manifestent à l'extra-lucide (dès lors médium) des « entités de l'au-delà » (êtres chers disparus brutalement ou inconnus considérés comme des « anges gardiens »).

Dans notre société la voyance prend trois formes : soit le clairvoyant pratique une divination pure, reposant sur l'interprétation des « *images fulgurantes* » qui s'imposent à lui en présence de son consultant (cette façon de faire qui consiste à « se brancher » sur autrui s'apparente à la transmission de pensée) ; soit il agit par le truchement de mancies apprises : lecture des lignes de la main, des arcanes du tarot, des figures du marc de café ou des conjonctions planétaires... ; soit il communique avec les âmes des trépassés en mettant son corps à leur disposition (écriture automatique, dialogue télépathique...) ou par l'intermédiaire de procédures telles que les tables tournantes, le ouija... (ce qui suppose une autre vision du monde impliquant la survie de l'âme après la mort physique et sa possibilité à se manifester par le biais d'un opérateur).

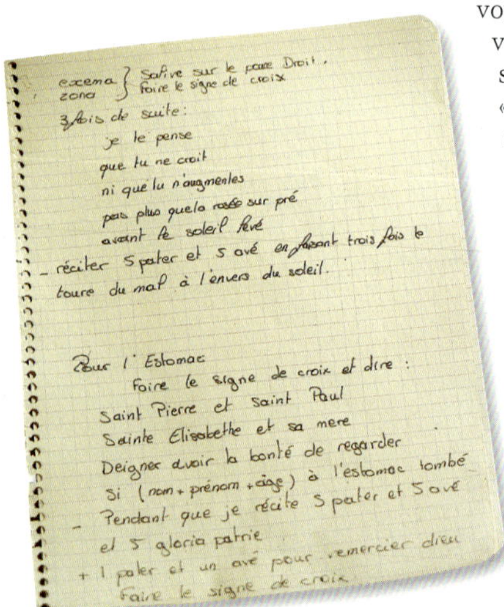
excema } Safive sur le pouce Droit.
zona } faire le signe de croix
3 fois de suite :
je le pense
que tu ne croit
ni que tu n'augmentes
pas plus que la rosée sur pré
avant le soleil levé
- réciter 5 pater et 5 avé en faisant trois fois le
toure du mal à l'envers du soleil.

Pour l'Estomac
faire le signe de croix et dire :
Saint Pierre et Saint Paul
Sainte Elisabethe et sa mere
Deignez avoir la bonté de regarder
si (nom + prénom + age) à l'estomac tombé
- Pendant que je récite 5 pater et 5 avé
et 5 gloria patrie
+ 1 pater et un avé pour remercier dieu
faire le signe de croix

Cahier de pansements de secrets.
Collection D. CAMUS.

Les 15 millions de Français qui croient aux prédictions des voyants (*Le Monde*, 1993) les sollicitent dans l'espoir d'obtenir des directives concernant leurs problèmes sentimentaux, professionnels ou financiers.

Pour les consultants (deux tiers de femmes entre 25 et 45 ans), le devin s'apparente à un conseiller conjugal. Ceux qui fréquentent plus particulièrement les médiums sont attirés par la perspective de la découverte de soi en recherchant d'autres valeurs culturelles, un autre sens de la vie.

Notons enfin que les extra-lucides disent détecter les « ondes négatives », dont peuvent être porteurs leurs clients et qui révèlent, selon eux, le symptôme de la sorcellerie. Déclarant, de ce fait, être à même d'identifier celui qui en est à l'origine, ils sont souvent pressentis pour traiter ce genre de question.

LES LEVEURS DE MAUX

En matière de santé, le médecin est bien sûr l'interlocuteur privilégié, mais il n'est pas pour autant le seul intervenant. Certaines personnes, en effet, sont créditées de dons dans ce domaine. Selon *Le Monde*, en 1993, « *55 % des Français croient aux guérisons par l'imposition des mains pratiquée par les magnétiseurs* ». Quel est donc le petit monde multiforme des guérisseurs ?

Aussi surprenant que cela puisse paraître, de nombreuses personnes témoignent qu'il est des gens qui « lèvent des maladies » parce qu'ils ont un don provenant des circonstances particulières de leur naissance. Ainsi les natifs du 25 janvier soignent-ils les envenimations dues aux morsures de serpent, aux piqûres d'abeille et ceux du 10 août les brûlures... De même, les cinquième ou septième enfants

Fréquemment, les leveurs de maux sont sollicités pour ôter les verrues plantaires.
Ph. D. CAMUS.

Les maladies sont souvent transférées sur les arbres par le biais de morceaux de tissus qui ont été à leur contact (Provence).
Ph. D. CAMUS.

d'une même famille dont ceux qui les précèdent sont de même sexe, traitent les furoncles, panaris et autres scrofules.

Le pouvoir guérisseur de ces « élus » (le don est incessible puisque déterminé par des conjonctures sur lesquelles ils n'ont pas poids) est mis en œuvre de deux façons. Soit le soignant se contente d'effectuer un signe de croix sur la partie atteinte ou d'y apposer sa salive – et le tour est joué –, soit il transfère le mal sur un substitut choisi pour ses qualités à le faire disparaître et/ou ses ressemblances avec lui. Par exemple, pour faire « tomber les verrues », les petits pois ou les haricots sont fréquemment utilisés car, outre leur aspect similaire avec elles,

Ci-dessus : ***Le transfert des maladies aux végétaux s'effectue parfois sous le regard bienveillant d'un saint guérisseur, comme ici saint Laurent, à Selles, dans l'Eure.***
Ph. H. Gancel. Extrait de l'ouvrage « Les saints qui guérissent en Normandie », Éd. Ouest-France.

Oraison de conjuration des brûlures

Soufflez sur la brûlure en faisant le signe de croix et répétez trois fois :

« Ô Saint Laurent, sur un brasier ardent
Quand vous grilliez et n'étiez pas souffrant
Faites-moi la grâce que cette chaleur se passe.
Feu de Dieu perds ta chaleur
Comme Judas a perdu sa couleur
Quand il trahit Jésus-Christ au Jardin des oliviers. »

Récitez ensuite trois Notre-Père.

La référence aux personnages religieux qui apparaissent fréquemment dans ces formules de guérison n'exprime pas un acte de foi mais traduit une vision de l'univers peuplé de « forces » agissantes que l'officiant a le pouvoir de faire intervenir en s'adressant nommément à elles. A l'inverse du prêtre qui formule un souhait aux divinités, le Panseur de Secrets leur commande d'agir pour obtenir un résultat clairement exprimé. C'est ainsi qu'en référence à son martyre (il périt grillé vif), saint Laurent est appelé pour conjurer les brûlures, pour s'opposer à la fureur dévorante de Judas qui fut ensuite « refroidie » (il devint livide) lorsqu'il réalisa les conséquences de l'arrestation de celui qu'il avait trahi.

ils sont putrescibles. Une fois enterrés ou jetés dans un puits et à mesure que les féculents pourrissent, les verrues s'évanouissent.

Hormis lorsque la cure doit être répétée (généralement trois fois pour ce genre de dermatose), ses résultats sont très rapides. Il en est de même pour leurs cousins germains : les panseurs de secrets.

Collection H. BERTON – SEREST.

LES PANSEURS DE SECRETS

Les panseurs de secrets sont des personnes qu'une partie de nos concitoyens estime capables de traiter de multiples affections parce qu'on considère qu'elles ont un don en la matière. En effet, ce sont des gens à qui l'on a transmis un ou plusieurs rituels thérapeutiques se rapportant chacun à une maladie ; un legs qui est effectué par quelqu'un qui est notoirement connu pour détenir de tels secrets dont l'efficience a déjà été appréciée. Le rite supposé guérisseur comporte une oraison qui ne doit pas être divulguée et qui est récitée mentalement durant la séance de soins (d'où le nom de panseurs de secrets), une gestuelle qui l'accompagne (encerclement du mal et apposition du signe de la conjuration) et des prescriptions de mise en œuvre, comme parfois la nécessité de son renouvellement, du jeûne (notamment pour le zona) ou des moyens de se défaire du mal qui affecte alors l'opérateur censé « le prendre sur lui ».

En acceptant le « don » d'un aîné, l'acquéreur s'engage à l'exercer gratuitement et, plus tard, à le léguer selon des modalités spécifiques : dans la famille, en inversant le sexe de son successeur ou en sautant une génération.

Si l'affligé (qui peut être un animal) ne peut se déplacer et éprouver directement les effets de la parole muette, le rite salvateur peut être effectué à distance par le biais d'un objet sur lequel le mal aura été reporté, selon une méthode similaire à celle employée par les leveurs de maux.

Soins pour le zona chez un guérisseur qui a reçu le don. Le malade vient trois matins de suite à jeun. Le guérisseur se sert d'un coq noir ou roux (il ne doit pas avoir de plumes blanches). Il incise la crête et badigeonne la partie malade avec le sang qui s'écoule. C'est ce dernier qui guérit. Environs de Combourg (Ille-et-Vilaine).

Ph. A. MAUXION.

Collection D. CAMUS.

Collection H. BERTON – SEREST.

PIERRES À VENIN.
Evoquant la peau des reptiles par leurs stries et leurs mouchetures, ces pierres sont utilisées par les « passeurs de v'nin ». Après avoir été mises à tremper dans de l'eau durant au moins un quart d'heure (parfois une journée), elles sont apposées quelques instants sur les morsures de serpents ou d'araignées, sur les piqûres d'insectes par « l'homme du don ». Puis la peau est lavée par l'eau, qui contient symboliquement le poison. Parfois une partie de celle-ci est bue, l'organisme se chargeant alors d'éliminer naturellement le venin qui l'affecte.

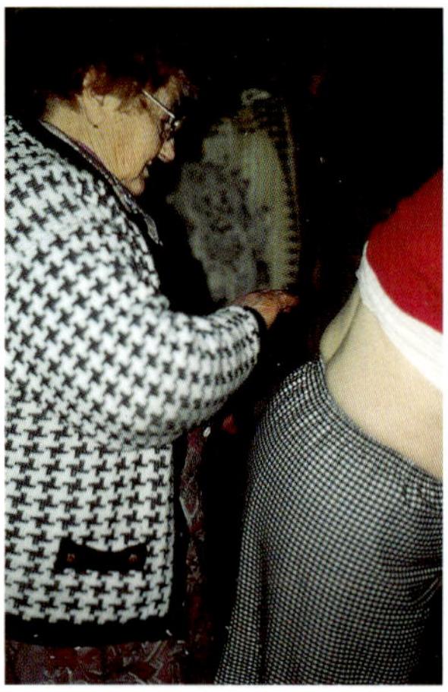

L'imposition des mains permet le transfert du « fluide magnétique » supposé soulager le patient de ses maux. Environs de Fougères (I.-et-V.)
Ph. A. MAUXION.

LES MAGNÉTISEURS

D'après saint Marc, le Christ aurait dit : « *Voici les signes qui accompagneront ceux qui auront cru en mon nom... Ils imposeront les mains aux malades et ceux-ci seront guéris.* » Depuis les choses perdurent et il est des gens qui prétendent soulager leurs concitoyens de leur souffrance par des « passes » manuelles propagatrices d'un fluide salvateur : le magnétisme.

Ce type de cure repose sur l'idée que chaque chose émet des ondes dont la puissance peut parfois agir sur le fonctionnement de celles qui l'entourent. Le corps humain est donc sensible aux radiations qui l'environnent, celles-ci pouvant affecter son « harmonie ondulatoire » : perturber cet équilibre fragile qu'est la santé. Si tout un chacun est donc récepteur – comme un poste de radio –, certaines personnes, pourvues de davantage de « force interne », peuvent être « émettrices » et donc modifier le flux vibratoire de celles qui côtoient le leur.

La thérapie de ces guérisseurs vise à rétablir la circulation des courants magnétiques de l'organisme grâce à une sorte de transmission énergétique qui procure au « transfusé » des sensations spécifiques : chaud ou froid, picotements...

Selon ces soignants et leurs consultants, rares sont les maladies qui semblent résister à ce traitement. Mais ses effets déclarés bénéfiques se font généralement sentir seulement au bout de plusieurs séances, lesquelles sont payantes car ces guérisseurs sont souvent des professionnels, ce qui n'est pas le cas de ceux appartenant aux deux précédentes catégories. Tout comme eux, ils mentionnent que leur don est inefficace face aux « influx négatifs » dus à la sorcellerie qu'ils prétendent pouvoir détecter chez certains de leurs patients.

MAGIE BLANCHE, MAGIE NOIRE. LE POUVOIR SORCIER

Après avoir évoqué des personnes dont les facultés permettent de sentir et deviner les choses ou d'intervenir dans un cadre thérapeutique, nous voici maintenant au sommet de la hiérarchie des dons magiques, en compagnie des sorciers qui sont caractérisés par trois points.

Tout d'abord, ces individus sont considérés comme pouvant perturber l'ordre des choses comme ils le souhaitent : propager le mal ou le faire disparaître.

Par exemple, dans une affaire mettant aux prises un couple d'agriculteurs avec un jeteur de sorts cherchant à le pousser à la faillite pour acquérir leur ferme, aux dires de sa victime, ce dernier lui déclencha « *une fièvre de cheval* » puis la lui ôta huit jours plus tard. De même, monsieur Jamelin peut pratiquer « des retours d'affection » pour qu'un conjoint volage revienne au foyer et, dans le même temps, opérer pour que des couples se séparent. Quel que soit l'avis que nous pouvons avoir sur le bien-fondé des motivations qui conduisent certaines personnes à formuler de telles demandes, dans les deux cas, nous avons affaire à des envoûtements d'amour : des procédures qui visent à contraindre autrui. On l'aura compris, pour les sorciers, les notions de bien et de mal sont très relatives. Ils pensent que la distinction magie blanche, magie noire

Figurine d'ensorcellement d'un bovin.
Le bris d'une de ses pattes suggère qu'il s'agit de le faire boiter.
Argile, 10 cm.
Collection D. CAMUS.

est tout simplement fictive, car ils estiment que leur rôle est de satisfaire les demandes de leurs clients ; des sollicitations qui ont toujours pour objet d'intervenir à l'encontre d'un tiers à qui est attribuée l'origine du conflit. Comme le dit l'adage populaire en la matière, « *qui peut le bien peut le mal* ».

Ensuite, la réversibilité du « pouvoir sorcier » ne concerne pas seulement la santé des humains. Le sorcier peut soumettre à son vouloir tout ce qui constitue son environnement :

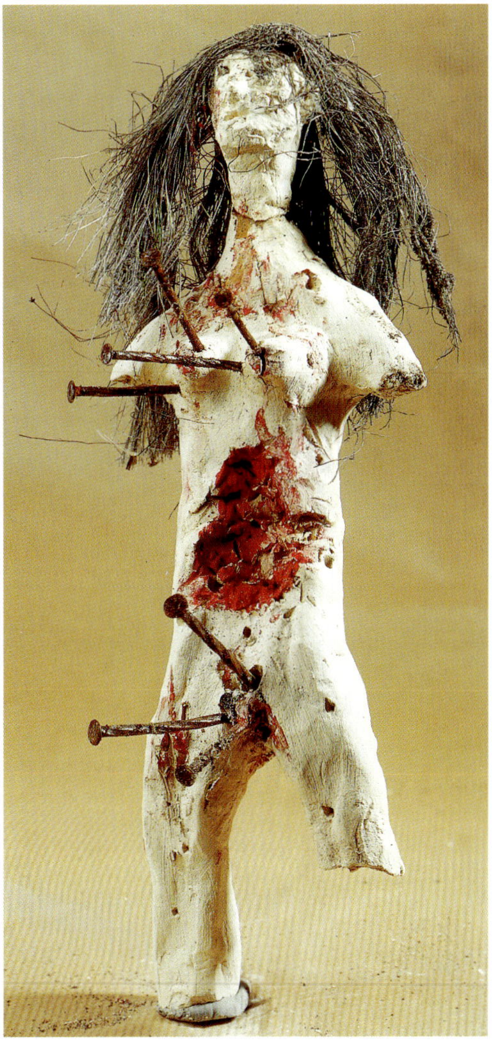

Dagyde féminine d'envoûtement sexuel. La perforation des organes sexuels et l'éventration indiquent qu'il s'agit d'empêcher tout contact charnel et la maternité de la femme visée. Plâtre et ficelle, 29 cm.
Collection D. CAMUS.

Poupée d'envoûtement de mort (trois clous percent le cœur). Argile, 15 cm.
Collection D. CAMUS.

détraquer les machines, paralyser les véhicules, provoquer des accidents, faire pourrir les récoltes, affecter le comportement des bêtes et des hommes, créer des phénomènes « paranormaux »... Bref, il peut tout ce qu'il désire pourvu qu'il sache comment s'y prendre pour exaucer ses aspirations.

Enfin, ce personnage peut cumuler les dons et être, comme cela est généralement le cas, radiesthésiste, magnétiseur, médium ou quelque peu voyant. Ces « plus » lui sont de précieux atouts pour les affaires qu'il a en charge.

Mais qui sont ces gens et quelle est l'origine et la nature de leurs facultés si incroyables ?

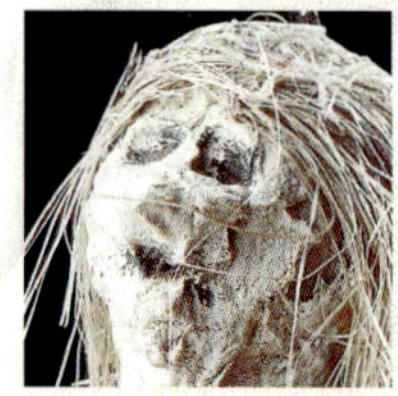

Du pouvoir sorcier au sorcier

LES STÉRÉOTYPES D'UNE GALERIE DE PORTRAITS

Le passé nous a légué l'idée que le sorcier se décline au féminin. Il est vrai que durant la terrible répression des XVe et XVIIe siècles, les deux tiers des prévenus accusés de sorcellerie furent des personnes du « sexe faible ». De la demoiselle en quête de soupirants à la vieille jalouse de ses voisins mariés, tels sont les termes de l'équation qui forgèrent alors le mythe de la femme luxurieuse, prête à tout (y compris se donner à Satan) pour assouvir ses incontrôlables passions.

Aujourd'hui, la réalité est tout autre et l'on observe même une prépondérance des hommes par rapport aux femmes car les sorciers préfèrent transmettre leurs facultés à des hommes, estimant qu'ils sont plus aptes à opérer dans cet univers dangereux que les femmes. De fait, cette pratique se marie mal avec les obligations familiales et ce n'est pas fortuit qu'un grand nombre de ces « Hommes du Don » soient célibataires, veufs ou divorcés.

Étant donné que la sorcellerie est – comme nous le verrons – une profession à hauts risques, ceux qui l'exercent et que j'ai rencontrés par l'intermédiaire de leurs clients ne sont pas des « jeunots » : leur âge moyen est la cinquantaine. Ce sont pour la plupart des gens d'origine modeste (exploitants agricoles, ouvriers, artisans, petits commerçants, employés de bureau) dont le niveau d'instruction est légèrement supérieur à celui de la moyenne nationale. En bref, leur profil social ne les distingue en rien de leurs concitoyens.

Marguerite Deschien.
Collection H. BERTON – SEREST.

La sorcière menée au bûcher. Bonnut (Pyrénées-Atlantique), fête de la sorcellerie. Ph. D. CAMUS.

Naïta la sorcière.
Jadis, la sorcellerie se déclinait au féminin. Est alors né le mythe de la sorcière, généralement une vieille femme au physique peu avenant, à l'allure vestimentaire étrange, cheminant avec sa canne de bois aux nœuds protubérants.
Collection Cartopole de Baud, Morbihan.

Il en est de même pour ce qui est de leurs croyances religieuses, ce facteur n'ayant pas eu d'incidence dans le trajet les ayant conduits sur le chemin de l'occulte. Tout au plus, on note que les croyants ne se déclarent pas jeteurs de sorts et qu'ils privilégient les procédures qui font la part belle à l'expression de la « puissance du Verbe » au travers de la récitation de « prières » dans lesquelles apparaissent fréquemment des saints personnages de la religion catholique.

Si ces personnes sont, bien sûr, psychologiquement « en phase » avec les concepts sur lesquels repose ce champ du magique dont elles ont fait leur métier (pour celles dont il est question dans ce livre), gardons-nous d'imaginer qu'elles sont quelque peu « illuminées », asociales et mènent une vie à la marge de notre société. Si elles sont « à part », cela provient des représentations (faites d'ombre et de mystère) que nous avons de leur supposés « pouvoirs » : de notre appréciation subjective.

Enfin, tordons définitivement le cou à l'idée qui relègue la sorcellerie au fin fond de nos campagnes. Comme nous le verrons dans cet ouvrage, elle existe autant dans nos cités. Comment pourrait-il en être autrement dans un pays dont les deux tiers de la population habitent en ville ?

Mais, comment devient-on sorcier ?

ORIGINE DU DON DE SORCELLERIE

Le « pouvoir sorcier » est composé de deux éléments : la connaissance de rituels supposés déclencheurs d'effets immuables et la capacité de les mettre en œuvre comme il se doit parce que l'individu a « le sang fort » : une sorte d'aptitude propre à sa personne, que nous pouvons nommer le « don », faute de mieux.

Le don inné

Hormis le fait d'être prédestiné à être un « Homme du Don » en raison du moment de sa venue au monde – c'est par exemple le cas

Crémation de la sorcière. Chaque année, à Bonnu, les Berrichons promènent dans le village une sorcière qui sera ensuite immolée symboliquement sous la forme d'un sac.
Ph. D. CAMUS.

de monsieur Conté et de madame Arlène, respectivement natifs de la nuit de la Toussaint (jour des morts) et de la Saint-Jean (jour des sorciers) –, ce sont généralement des signes spécifiques qui révèlent cette faculté. Monsieur Ménard s'aperçut ainsi très jeune qu'il pouvait influencer le comportement des gens qui l'entouraient en les soumettant à une « *suggestion télépathique* ». Il en est de même pour monsieur Dréan qui, par ailleurs, « charmait » les batraciens et les reptiles, s'établissant ainsi une solide réputation de sorcier parmi ses camarades d'école.

Bien souvent, ce sont des chocs émotionnels, comme la perte brutale d'êtres chers, qui déclenchent chez certaines personnes la capacité à anticiper des situations pouvant être fâcheuses ou à soulager les souffrances d'autrui par imposition des mains, tout comme les magnétiseurs, ce qu'ils sont aussi très souvent, comme nous l'avons vu. Les sorciers peuvent donc se soustraire au cours néfaste des choses, voire le modifier.

Cet itinéraire jalonné par la répétition d'événements qui conduisent les intéressés à prendre conscience de leurs dispositions peut aussi les amener fortuitement à être en contact avec des « entités supranaturelles ».

Ainsi, mesdames Le Men et Languevelec déclarent communiquer avec des « amis de l'invisible ».

Mais dans tous les cas, ces troubles de la sensibilité – qui traduisent la potentialité du don –, et le parcours de vie qu'ils occasionnent – il en est l'expression –, doivent être authentifiés puis validés socialement par quelqu'un autorisé à diagnostiquer le « sang fort » : un voyant, un guérisseur, un sorcier. À charge ensuite pour le futur sorcier de cultiver et développer ses capacités, puis de les mettre en œuvre, établissant ainsi la justesse de ce diagnostic.

Le don acquis

Si les « pouvoirs » en ce domaine sont parfois innés, ils sont plus généralement acquis auprès d'un sorcier désireux de se trouver un successeur, l'âge venant. C'est prioritairement dans la famille qu'il sera recherché car un tel don est un peu considéré comme un trésor, comme quelque chose dont le contenu ne doit surtout pas être dévoilé au tout-venant. Ces raisons purement pragmatiques créent de véritables lignées de sorciers, venant conforter, pour le profane qui n'est pas au fait des modalités de transmission du don, l'idée reçue qui veut qu'il soit d'origine héréditaire ; un stéréotype qui nous vient de la terrible époque de « la chasse aux sorcières » où des familles entières furent brûlées sur le seul motif que la « rumeur commune » attribuait à un aïeul ce genre de compétence.

Mais, comme les sorcières ne jouissent pas d'une bonne réputation – hormis dans le cercle de ceux qui ont pu tester à leurs profits leurs facultés –, il est fréquent que le don sorte du cercle familial et qu'un étranger soit initié.

Tour des sorcières. Rouffach, Alsace.
Ph. H. LERSCH.

Une affaire de famille

Au XVIIe siècle, comme de nos jours dans une certaine mesure, on considérait que la sorcellerie était héréditaire. Ainsi le juge Boguet pensait que « le père sorcier fait ordinairement son fils sorcier, la mère, la fille, le frère, la sœur, la nièce, la tante ou le neveu ». *C'est sur cette base que furent torturés des milliers de personnes nées dans des familles dont l'un des membres fut accusé de sorcellerie car, poursuit l'auteur :* « Ce n'est donc pas sans raison que l'on tire un fort indice contre celui qui est accusé de sorcellerie, si ses père et mère sont sorciers ou seulement l'un d'eux. »

PIERRES MAGIQUES.
Savoir utiliser comme il se doit les vertus occultes des pierres n'est pas une mince affaire. Là encore, l'enseignement d'un maître est indispensable.
1 - AVENTURINE. ***Protège des « ondes négatives » et favorise les entreprises amoureuses.***
2 - AMÉTHYSTE. ***Calme les angoisses et rééquilibre l'énergie physique et mentale.***
3 - HÉMATITE. ***Utilisée pour résorber les hématomes et cicatriser les blessures. Recèle des vertus déstressantes.***
4 - ŒIL DE TAUREAU. ***Stimule l'énergie physique.***
5/8 - YEUX DE TIGRE. ***Activent l'énergie mentale nécessaire à la réalisation d'un objectif. Plus largement ces pierres sont des porte-bonheur.***
6 - PIERRE DE LUNE. ***Développe l'activité spirituelle et favorise l'intuition et l'imagination. Eloigne les nuages menaçant le bonheur conjugal.***
7 - JASPE. ***Nettoie les « énergies négatives ».***
Collection D. CAMUS.

L'INITIATION SORCIÈRE

Quelle que soit l'origine des dons, on ne devient sorcier qu'après avoir acquis un savoir permettant de les développer et d'en faire usage correctement. Cette connaissance est délivrée par le donataire des « pouvoirs » (ce fut le cas de monsieur Ménard) ou par celui qui révèle ses potentialités au novice, s'il opère dans le même domaine (madame Le Men et monsieur Dréan se trouvèrent dans cette situation).

Durant deux ou trois ans en moyenne, l'apprenti va seconder son maître dans la résolution de ses affaires en cours, et ainsi apprendre « sur le tas » quel type de rituels il faut employer pour obtenir tel type d'effets dans un contexte précis. Ce genre d'enseignement qui s'effectue essentiellement au travers de « travaux pratiques » réduit à portion congrue le discours théorique. Sa finalité vise moins à transmettre une conceptualisation du magique qu'à confronter l'initié à lui-même, à faire en sorte qu'il se dépasse dans le cadre de la mise en œuvre de procédures qui se déroulent souvent dans un contexte annoncé comme dangereux. À terme, il s'agit surtout de faire acquérir à l'initié des nouveaux repères réflexifs et comportementaux : l'amener à tirer un trait sur son ancienne existence ; le conduire à devenir autre.

Si un tel programme n'est pas de tout repos et exige parfois des sacrifices, notamment ceux des conjoints lorsqu'ils ne sont pas d'accord sur le bien-fondé d'une telle démarche (messieurs Ménard et Jamelin durent divorcer pour cette raison et madame Arlène n'a que d'épisodiques soupirants), ceux-ci peuvent être néanmoins compris en terme d'investissement car ces « Hommes du Don » pourront ensuite exercer leurs aptitudes d'une façon fort lucrative. De fait, tous les sorciers que j'ai rencontrés n'ont pas mis longtemps à abandonner leur profession lorsque, leur renommée augmentant, le cercle de leurs consultants s'est élargi. Sans manifester trop ostensiblement leur aisance financière afin de ne pas éveiller l'intérêt du fisc, qui voit peu la couleur de l'argent du magique, leurs

LES HERBES DU SORCIER.
Le maniement de ces plantes, pour la plupart vénéneuses, nécessite un apprentissage rigoureux car toute erreur de dosage peut être lourde de conséquences.
On remarquera la présence de végétaux narcotiques et hallucinogènes (le datura, la belladone, le pavot, l'aconit, la jusquiame), lesquels étaient censés composer le fameux onguent qui permettait, naguère, aux sorciers de se rendre au sabbat.
Collection H. BERTON - SEREST.

revenus sont bien plus élevés que ceux d'un cadre supérieur. En considérant qu'une opération de sorcellerie menée « sérieusement » (c'est-à-dire dans laquelle l'intervenant œuvre effectivement – ce qui n'est pas toujours le cas – et qui aboutit à des résultats que peuvent estimer les demandeurs) se chiffre en dizaines de milliers de francs et souvent plus (le temps passé pour résoudre l'affaire et les difficultés que peut rencontrer en cours de route le sorcier font considérablement augmenter la somme déboursée), point n'est besoin d'être expert-comptable pour deviner que les « bas de laine » grossissent très vite.

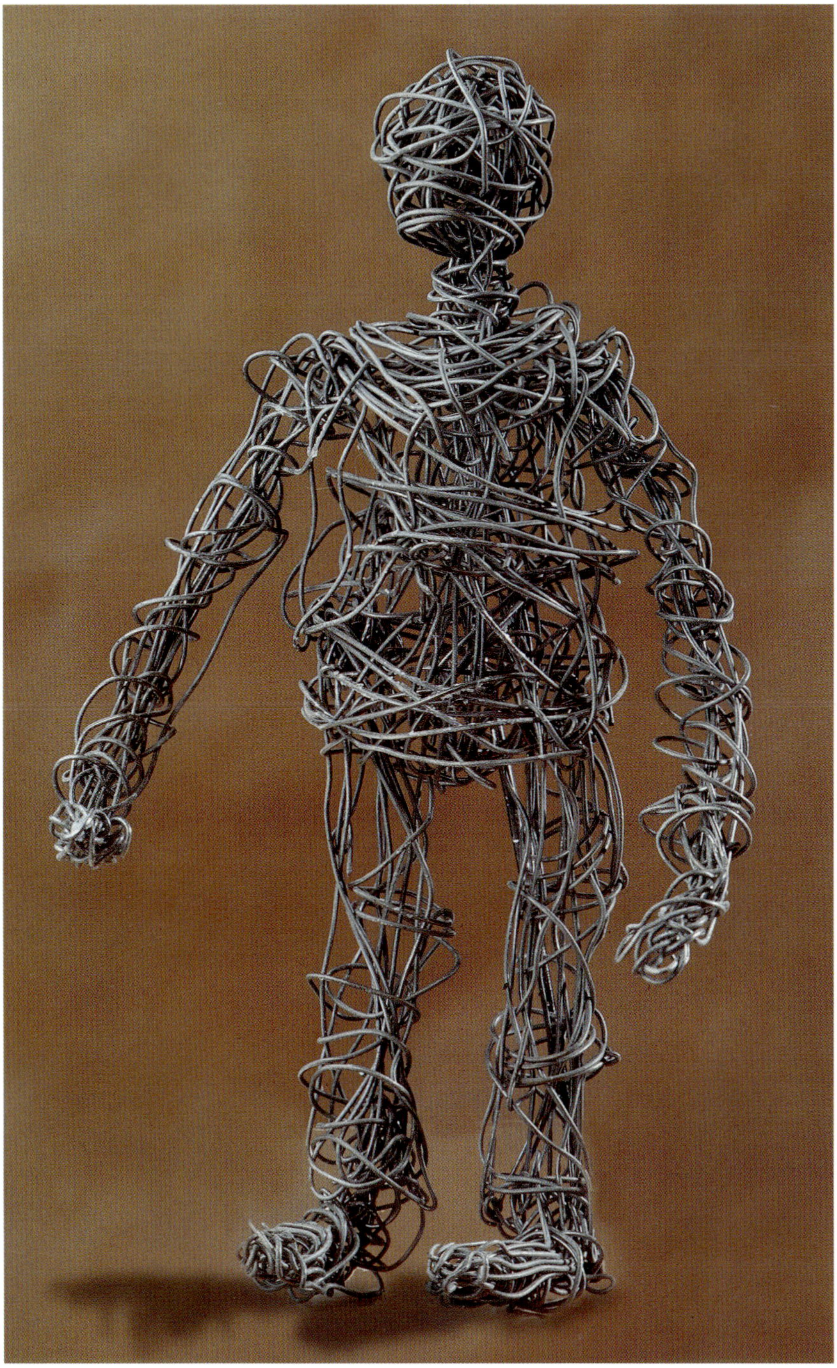

Armature de poupée d'envoûtement. La fabrication d'une statuette de cire est un travail long et délicat.
Fil de fer, 20 cm.
Collection D. CAMUS.

Tableau de mission, Congrégation du Mené à Vannes. (Morbihan). XIXe siècle, collection Musée de la Cohue, Vannes. Ph. Y. BOËLLE.

Église de Guéhenno, saint Michel terrassant le démon. Ph. Y. BOËLLE.

LE PACTE DIABOLIQUE ET LE COMMERCE AVEC « LES FORCES DE L'AU-DELÀ »

Pendant des siècles, il fut convenu de considérer que les sorciers étaient à l'origine des maux affligeant les humains parce qu'ils avaient pactisé avec celui qui incarne la source même du mal : le diable. La conviction en l'existence d'un contrat passé entre Satan et certains individus, à l'issue duquel ceux-ci seraient pourvus de « pouvoirs magiques », fut le fondement de la répression sorcière des XVe et XVIIe siècles. Qu'en est-il aujourd'hui de cette croyance en l'origine diabolique des « pouvoirs sorciers » ?

De nombreux spécialistes de l'occulte, comme messieurs Jamelin et Conté ou mesdames Languevelec et Arlène, commercent avec d'invisibles « entités » pour avoir leur avis sur des points épineux concernant les affaires qu'ils ont à résoudre, voire pour y participer directement en mettant « leurs pouvoirs » à leur disposition. C'est ainsi que des défunts – « *amis de l'invisible* » –, des anges issus de la Kabbale, des saints ou le Christ président au bon déroulement de nombreuses opérations, tout comme le diable et certains de ses lieutenants.

Mais que recouvrent les rapports entretenus entre les sorciers et ces si puissants personnages ? Hormis pour les croyants, ces « divinités » ne sont pas investies d'une représentation religieuse. Mais même pour eux elles sont évoquées en tant que « principe de force », suivant les images que le passé leur a accolées et qui renvoient aux exploits que leur attribue la légende, comme cela est d'ailleurs souvent le cas pour ce qui est des saints guérisseurs. Elles sont donc employées selon leurs spécificités : les redoutables saint Michel et saint Georges pour désensorceler hommes et bêtes, Astaroth (qui est censé régir

Dans l'imaginaire des sculpteurs du Moyen Âge, le Malin est véritablement « le prince de la grimace ». Cathédrale d'Autun. Ph. R. NOURRY.

Cercle d'Astaroth

Cette figure, au centre de laquelle se poste monsieur Conté, permet de faire intervenir Astaroth, le démon du mercredi. L'opération doit se dérouler entre 22 et 23 heures.
En prononçant l'invocation suivante le sorcier doit jeter une pièce de monnaie en guise d'offrande.

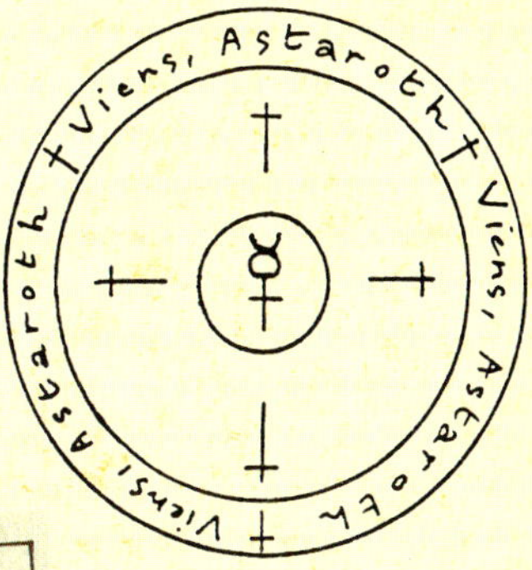

ÉVOCATION DU MERCREDI
« Je te conjure, Astaroth, méchant esprit, par les paroles et vertus de Dieu, et par le Dieu Puissant, Jésus-Christ de Nazareth auquel tous les démons sont soumis, qui a été conçu de la Vierge Marie, par le mystère de l'Ange Gabriel, je te conjure, au nom du Père, du Fils et du Saint-Esprit, au nom de la Très Sainte Trinité, en l'honneur de laquelle tous les archanges, les trônes, les puissances, les prophètes, les apôtres et les évangélistes chantent sans cesse Saint, Saint, Saint, le Seigneur Dieu des Armées, qui a été, qui est, viendra comme fleuve du feu ardent, que tu ne négliges pas mes commandements. Je te commande, par Celui qui viendra tout feu juger les vivants et les morts, auquel est dû tout honneur, louange et gloire. Viens donc promptement, obéis à ma volonté, viens donc rendre louange au Dieu Vrai, au Dieu Vivant, et à tous ses ouvrages, et ne manque pas de m'obéir et rendre honneur au Saint-Esprit : c'est en son Nom que je te commande. »

le mercredi) pour faire en sorte que les maléfices effectués ce jour-là atteignent leur cible et saint Joseph (le père nourricier du Christ) pour que les maris volages réintègrent « l'unité familiale ». Comme on le voit, le sacré issu du religieux est utilisé à des fins propres dans la sorcellerie.

Dans tout cela il n'est point question de pacte mais seulement de l'idée que des « forces de l'au-delà » peuvent être maniées par les sorciers dans certaines conditions. A la finale, les cohortes infernales ou angéliques sont devenues les esclaves des magiciens qui connaissent les moyens de les invoquer. Une procédure qui ne va pas sans risque car, comme le précise madame Arlène, « *quand on commande à ce genre de forces, surtout si elles sont du côté obscur – autrefois on aurait dit du côté du diable – il faut toujours penser à s'en protéger car elles essaient parfois de prendre le dessus. À nous de les dominer, d'être plus malin et d'en tirer le maximum* ».

Pour cela il est impératif que les sorciers cultivent leurs facultés, qu'ils enrichissent le savoir acquis durant leur initiation, ce qui se fait généralement par la lecture d'ouvrages spécialisés : les grimoires.

« Arcane XV », huile sur toile, Dominique EHRHARD, Orléans.
D.R.

Le cercle magique des Pactes

Selon le Dragon rouge *– célèbre grimoire datant de 1522 –, cette figure permet de dialoguer avec le diable sans danger.*

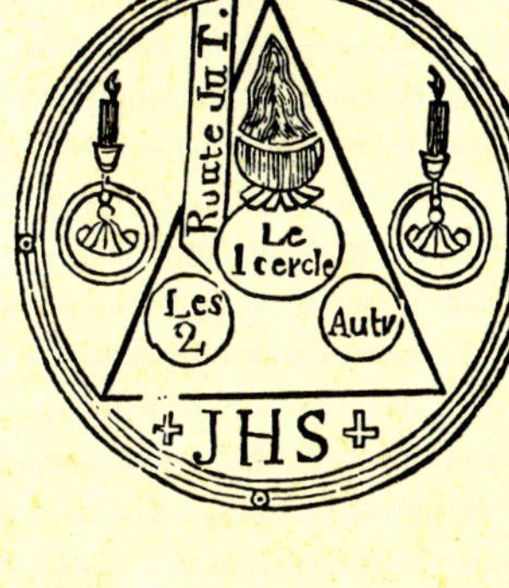

CULTIVER LE DON : LES GRIMOIRES DE SORCELLERIE

De tout temps, le livre fut considéré comme l'une des sources du savoir. L'occulte n'échappe pas à cette règle. C'est pourquoi ces praticiens sont avides des connaissances qu'ils peuvent y puiser, estimant que les rituels qu'ils contiennent sont éminemment efficaces. Deux types d'ouvrages se présentent aux sorciers : les publications renfermant surtout des prières (comme celles de l'abbé Julio), prêtre thaumaturge du XIXe siècle qui fonda une Eglise dissidente de celle catholique romaine qui désavouait ses pratiques, notamment celles qu'il faisait des prières de la liturgie qui devinrent sous sa plume « les grands secrets merveilleux » ou « le livre secret des grands exorcismes », que compulsent principalement les désenvoûteuses comme mesdames Le Men et Languevelec et les « grimoires » plus particulièrement « dévorés » par les jeteurs de sorts comme messieurs Jamelin ou Conté.

Grimoires de sorcellerie.
Musée départemental Albert Demard, Champlitte (Haute-Saône).

LES SECRETS
MERVEILLEUX
DE LA MAGIE NATURELLE
DU
PETIT ALBERT
Tirés de l'ouvrage latin intitulé :
ALBERTI PARVI LUCII
Libellus de mirabilibus naturæ Arcanis
Et d'autres écrivains philosophes
ENRICHIS DE FIGURES MYSTÉRIEUSES, D'ASTROLOGIE, PHYSIONOMIE, ETC., ETC.

Collection D. Camus.

Même pour les sorciers, l'écrit demeure une source de savoir.
Collection D. Camus.

Les plus célèbres d'entre eux sont sans conteste *Le Grand et le Petit Albert* (attribués au philosophe et alchimiste du XIIIe siècle Albert le Grand) et *Le Dragon rouge*, dont la première édition date de 1522.

Ces opuscules contiennent quantité de recettes, pas toujours ragoûtantes, concernant l'usage des plantes, des pierres, des animaux et maints procédés visant à satisfaire les plus folles aspirations, comme « faire danser une fille nue », « gagner au jeu », « se rendre invisible », « nouer l'aiguillette » d'un rival... On y trouve aussi de nombreux moyens de se garantir de la malchance, des explications relatives à la fabrication d'amulettes ou de talismans censés vous aider dans vos œuvres et, si cela ne vous suffit pas, des formules destinées à vous rendre maître des « puissances supérieures », lesquelles sont souvent « d'infernales créatures ».

Malgré la complexité des procédés mentionnés dans ces textes (où se procurer une verge de loup pour rendre un homme impuissant ?), le savoir proposé au lecteur est marqué du sceau de la réprobation, les désenvoûteurs tempêtant souvent contre leur divulgation commerciale.

En fait, « ces mauvais livres » sont considérés à l'image du pouvoir qu'ils représentent et sont censés contenir : ils sont dangereux. Ainsi abondent les récits de lecteurs « pris » par les forces qu'ils ont malencontreusement déclenchées. De même, selon certains, leur simple possession est susceptible de provoquer de fâcheux effets, par exemple des phénomènes de hantise, des déplacements d'objets ou de meubles dans des pièces, voire d'affecter la santé des humains.

GREMOIRE DV PAPE HONORIVS. AVEC VN RECVEIL DES PLVS RARES. SECRETS.

A ROME.

MDCLXX.

Collection D. Camus.

Pour garder en toute sécurité les troupeaux, le rituel de Haute Magie de Cornelius Agrippa conseille d'écrire les mots suivants au-dessus de deux pentacles tracés sur du parchemin vierge :

« Autheos, Anastros, Noxio, Bay, Gloy, Aper, Agia, Agios, Hischiros.
Deus Tetragrammaton misericors et pius, per ista sanctissima nomina et per tua sanctissima atributa da mihi fortunam et horam
bonam in omnibus meis factis et libera me omni malo et perturbatione.
Amen. Per Jesum Christum Filium tuum. Amen. »

Pour gagner à tous les jeux, le grimoire du pape Honorius donne cette formule « infaillible ».

Ecrivez sur du parchemin vierge que vous porterez sur vous :
« ✞ Ibel ✞ Laber ✞ Chabel ✞ Habet ✞ Rabel ✞ »

Ne dit-on pas qu'ils sont « *vivants* » car difficilement destructibles ! Aussi pour se défaire d'un « Albert » découvert chez l'un de ses clients, madame Languevelec déclare avoir dû doubler la puissance destructrice du feu par de copieuses rasades d'eau consacrée « *sans quoi il brûlait pas le bouquin* » ! Même si j'ai eu l'occasion d'assister à ce genre d'autodafé et constater que ces imprimés se consument mal, j'y vois pour ma part les effets conjugués de l'eau rehaussée d'aspersions de sel bénit. A l'évidence, le prestige accordé à ces ouvrages est outrancier et propice à faire naître des frayeurs incontrôlables. Mais ne sommes-nous pas dans le monde mystérieux et apeurant de la sorcellerie !

Grimoires de sorcellerie.
Musée départemental Albert Demard, Champlitte (Haute-Saône).

CONCEPTION DES POUVOIRS SORCIERS ET PRINCIPES GÉNÉRAUX DE LA MAGIE

Le naturel et le surnaturel

La sorcellerie est d'emblée renvoyée dans le domaine du surnaturel. Or, les sorciers n'admettent pas cette appréciation car pour eux le surnaturel n'existe pas.

Le monde est une totalité organisée comprenant deux faces en constante interaction : l'une visible, l'autre cachée. Et c'est parce qu'ils ont connaissance des règles qui régissent cette seconde partie de l'univers qu'ils peuvent opérer sur la première. Bien évidemment, le caractère de leurs interventions dépend étroitement de la vision qu'ils ont de cet aspect des choses qui nous est inconnu.

Deux conceptions de la sorcellerie coexistent, se chevauchant parfois.

La première, naturaliste, que partagent notamment messieurs Ménard, Dréan et Jamelin, vise à manier les vertus occultes des éléments qui constituent notre environnement ou qui interfèrent sur lui, comme l'air, l'eau, la terre, le feu, les influences planétaires, les végétaux, les minéraux... C'est ainsi que des filtres d'envoûtement peuvent être réalisés à base de plantes, des poudres faites avec des organes d'animaux ou des déchets corporels (poils, sang, sécrétions, etc.), que les maléfices peuvent être transférés sur des objets qui seront ensuite détruits grâce à la puissance purificatrice du feu, de l'eau ou du sel (de préférence bénit), que des conjonctions astrales particulières sont plus propices à certaines entreprises qu'à d'autres... Dans ce cas, l'intervenant se borne à appliquer servilement des recettes dont la vertu de l'éprouvé (qui remonte parfois à des siècles) lui paraît incontestable.

Grande Digitale. Cette plante très toxique est ici employée pour effectuer un philtre se voulant fatal, comme le soulignent les sept épines noires qui percent ses fleurs.
Ph. D. CAMUS.

La seconde, spiritualiste, dont mesdames Arlène, Le Men et Languevelec sont des adeptes, estime que nous sommes entourés de « puissances » capables d'obéir aux injonctions de ceux qui savent les évoquer parce qu'ils connaissent leurs noms et leurs registres d'intervention. Ces « forces » peuvent être des « émanations des trépassés » (les « *amis de l'invisible* » de madame Languevelec sont sa mère et sa fille défuntes), des divinités de notre panthéon religieux ou d'autres, par exemple les anges ou des démons qui nous proviennent de la magie moyen-orientale, notamment la Kabbale, laquelle a considérablement influencé la nôtre depuis la fin du Moyen Âge.

Mais quel que soit leur mode opératoire, les sorciers partagent une même représentation de l'être humain et de son rapport à son environnement.

La triunité humaine et l'aura

Nous l'avons vu, le fait que l'on puisse converser avec les morts, voire les faire apparaître, suppose que l'homme soit constitué sur des bases différentes de celles communément admises. Pour tout occultiste il se compose de trois parties : le corps physique, le corps spirituel et un médiateur entre les deux qui possède leurs qualités respectives : « le corps astral » ou « l'aura ». Ainsi conçu, ce troisième élément est un véritable double de la personne. S'il subit un quelconque préjudice, celui-ci se répercute immédiatement sur l'enveloppe corporelle dont il émane.

C'est selon ce principe que les sorciers expliquent qu'ils peuvent « agir à distance » sur quelqu'un. « *C'est facile, il suffit de capter l'astral de la personne et de travailler dessus* », confie madame Arlène. Un procédé qui n'est pas l'apanage des sorciers français car on le retrouve dans le monde entier, aussi bien dans les sociétés dites « primitives » que dans celles « évoluées ».

Cœur de volaille « chargé » d'un tissu ayant appartenu à la victime.
Ph. D. CAMUS.

La couleur de « l'Aura »

Des rayonnements jaunes indiquent des dispositions intellectuelles.
Des rayonnements rouges révèlent un caractère matérialiste.
Des rayonnements bleus manifestent une propension à la rêverie.
Des rayonnements gris ou noirs trahissent des êtres fourbes.
Une « aura » terne ou parsemée de taches brûnatres est le signe d'une santé déficiente.

Du microcosme au macrocosme

Si les sorciers pensent qu'ils peuvent infléchir le cours des événements pour obtenir un résultat déterminé, c'est parce qu'ils considèrent que tous les composants de notre univers sont en rapport les uns avec les autres, du plus petit (microcosme) au plus grand (macrocosme).

Le magicien estime donc pouvoir agir sur l'un d'eux en opérant sur un autre pourvu qu'il soit en contact ou l'ait été. C'est selon ce principe de contagion que les jeteurs de sorts propagent leurs maléfices en mettant en rapport leur victime et un objet qui les véhicule. Nous l'avons vu, les leveurs de maux ou les panseurs de secrets procèdent de façon semblable pour transférer les maladies à des substrats.

Puisque la personnalité humaine est une et indivisible, le corollaire de cette théorie veut que, par contiguïté, la partie représente le tout. Pour envoûter quelqu'un il suffit donc, par exemple, d'intervenir simplement sur une mèche de ses cheveux ou sur quelques rognures de ses ongles.

Comme les éléments peuvent être unis les uns les autres, ce concept postule alors que par « sympathie » toute chose est associée à sa représentation, au point que le double peut se substituer à l'original. C'est pourquoi les sorciers disent être capables d'intervenir sur des personnes par l'intermédiaire de leur photographie ou de poupées faites à leur effigie : les fameuses dagydes. Des méthodes qui, là encore, ne sont pas particulièrement françaises et dont les préceptes théoriques sont universels. Par ailleurs, leur usage ne date pas d'hier car on sait qu'elles étaient utilisées par les Egyptiens, il y a déjà 5 000 ans.

À droite :
Photographie recouverte de cire et percée de trois épingles à têtes noires. Ce procédé a pour objectif de faire étouffer la victime ensevelie sous la cire.
Collection D. CAMUS.

Poupée d'envoûtement féminine percée d'épines. Pâte à bois et ficelle, 16 cm.
Collection D. CAMUS.

VIVRE LE DON

Les exigences du don

Si pour certaines personnes la sorcellerie peut être attractive du fait des perspectives qu'elle offre (la puissance et l'argent), la pratiquer n'est néanmoins pas une sinécure car elle impose un mode de vie contraignant placé sous l'égide du non-ordinaire, du mystère et du secret.

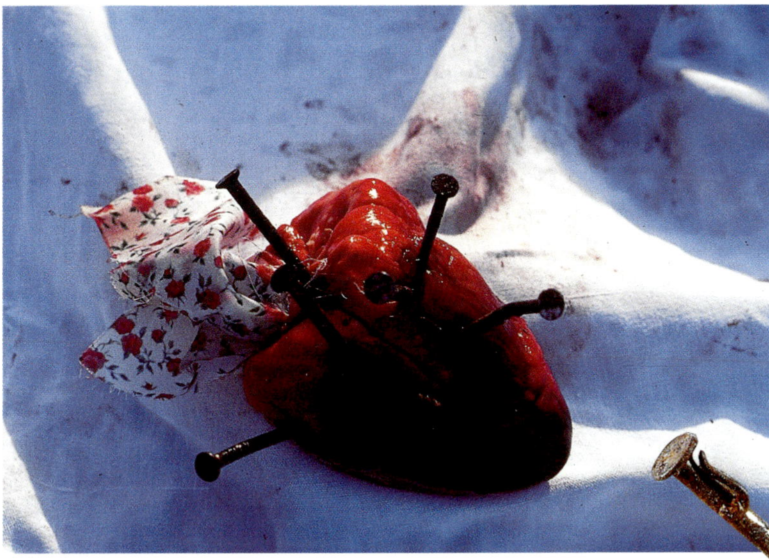

Cœur encloué par sept pointes, « chargé » d'un tissu appartenant à l'envoûté.
Ph. D. CAMUS.

Comme œuvrer dans ce domaine est dangereux, les sorciers sont tenus d'être toujours en pleine forme, car, ainsi que le note madame Arlène, « *lorsqu'on opère, on donne de nous-mêmes... C'est là qu'on devient vulnérable* ». Pour se prémunir d'éventuels périls, manger léger, prohiber l'alcool, le tabac et les plaisirs de la sexualité sont de rigueur, tout comme parfois le jeûne. Ainsi, lorsque madame Languevelec procéda au désenvoûtement de la maison d'Irène Lelavasseur, pour avoir constamment « *l'esprit clair et le corps alerte* », durant trois jours elle n'ingurgita que quelques gorgées d'un filtre supposé tonifiant composé de poudre de noix de muscade et de trois pétales de pavot mélangés à cinq cuillerées à café de miel dilué dans un thé limpide.

Comme les jeteurs de sorts attaquent de préférence leurs victimes pendant leur sommeil, pour ne pas prêter le flanc à leurs adversaires les sorciers dorment souvent par petites périodes réparties au long de la journée. S'ils se sentent ainsi moins exposés, l'acquisition d'autres repères spatio-temporels est, de toute façon, une nécessité car la sorcellerie ne se pratique pas n'importe quand.

Certaines fêtes religieuses ou époques de l'année comme les solstices, sont en effet privilégiées : madame Languevelec cueille les herbes qui lui servent à confectionner des filtres durant la nuit de la Saint-Jean et monsieur Ménard fait provision d'eau bénite les jours de Pâques et de Noël, car, selon lui, elle est « plus puissante » que celle consacrée à d'autres moments.

De même, la plupart des opérations magiques se déroulent-elles à des moments spécifiques de la journée. Ainsi c'est quand le soleil est couché que sont menées celles qui visent directement les gens. C'est également pendant ces heures que mesdames Languevelec et Le Men consultent leurs « aides de l'au-delà ».

Enfin, les conjonctions planétaires régentent également le temps des activités occultes car les sorciers prennent grand soin d'accorder leurs entreprises aux « influx astraux ».

Dagyde d'une femme blonde.
Terre glaise, 12 cm.
Collection D. CAMUS.

Procession des pénitents blancs à Saugues (Haute-Loire). Le Vendredi saint voit un regain d'activité des sorciers pendant que les chrétiens célèbrent le Sauveur.
Ph. Y. BOËLLE.

Une reconnaissance sociale sujette à caution

Les conditions d'existence qu'impose l'usage du magique, les registres dans lesquels ils interviennent – que le corps social connaît partiellement et classe suivant la dichotomie magie blanche-magie noire (tout en sachant que « *qui peut le bien peut le mal* ») – font que les sorciers ne sont pas maîtres de leur image.

Rejetés par les élites (les sorciers sont passibles de poursuites judiciai-

Feu de la Saint-Jean en Aveyron. A la Saint-Jean flambent les feux purificateurs et leurs tisons seront soigneusement récoltés, car des vertus protectrices leur sont accordées.
Ph. Y. BOËLLE.

res en vertu du code de la santé publique qui estime qu'ils pratiquent illégalement la médecine et par le code pénal qui les considère comme des escrocs), craints par le public qui préfère ne pas côtoyer de telles personnes (*des fois que... Car on ne sait jamais*), ces « Hommes du Don » doivent donc être très attentifs à la façon dont leur renommée s'établit.

Si elle peut parfois menacer leur liberté en les conduisant devant la justice, elle conditionne les perspectives de rencontre avec le client potentiel.

De fait, celui-ci a deux possibilités pour nouer le dialogue avec un sorcier. Soit il s'arme de patience et tente de pénétrer un réseau de clientèle constitué dans un cadre territorial, ce qui permet d'apprécier les fondements de la renommée du personnage et d'évaluer son « degré de réussite ». Soit il s'en remet au message publicitaire qui vante les mérites en la matière de nombre de ces individus. Mais c'est alors la voie de tous les dangers car le « contrôle social » ne s'exerce plus dans un tel cadre, et les aigrefins peuvent ainsi facilement s'immiscer dans les bourses des désespérés.

Enfin, la façon dont se présente le sorcier n'est pas sans incidence sur le crédit qui lui sera porté et sur les relations qu'il souhaite établir avec ses clients. Par exemple, monsieur Jamelin entend bien en imposer d'emblée à ceux qui pénètrent chez lui et, par un important décorum qui offre au regard de nombreuses têtes de morts, couteaux sacrificiels et tentures noires rehaussées de « signes cabalistiques », leur faire comprendre qu'il opère dans le registre de l'envoûtement. À l'inverse, la dévote madame Languevelec, qui se contente d'annuler les maléfices, a orné les murs de sa demeure d'images pieuses et de maximes telles celles-ci : « *délivrés soient ceux qui pénètrent dans cette demeure* », « *le Christ est notre maître* » ou « *rien ne résiste à la vertu* », destinées à faire savoir à tous qu'« *elle est du côté du bien et de la justice* ».

Au terme de cette approche des sorciers et de leurs dons, il convient maintenant de nous pencher sur ceux qui les consultent et d'examiner leurs motivations.

Publicités sorcières

Comment résister à de si alléchantes propositions ? Et pourtant la prudence est de règle car quel crédit porter à des gens qui s'affublent du titre de professeur, qui n'hésitent pas à proclamer une réputation internationale sacralisée par le petit écran ? Assurément la publicité est l'art du boniment et la déclaration – pour rassurer l'éventuel client – que les dons sont de naissance et/ou héréditaires n'engage que leurs auteurs, tout comme celle garantissant l'efficacité des résultats.

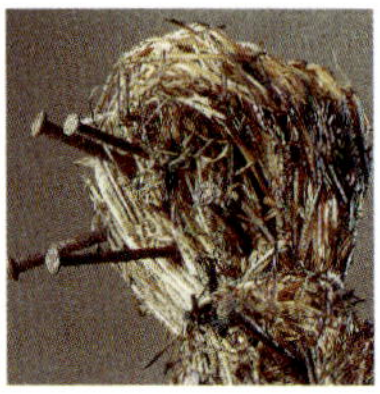

Le recours sorcier

Figurine humaine. Bonhomme en bourre à matelas. 30 cm.
Collection D. CAMUS.

CROIRE OU NE PAS CROIRE : UNE FAUSSE QUESTION

Nous l'avons vu, les sorciers sont considérés comme tels selon des modalités culturelles précises. Cela signifie que la reconnaissance des « pouvoirs magiques » est le fruit d'une opinion collective : il est admis par certains que des individus puissent avoir de telles facultés. Mais gardons-nous d'appréhender ce consensus social comme le signe indiquant que les personnes qui ont recours à des sorciers sont seulement celles qui partagent d'emblée ce point de vue.

En fait, tout le monde s'accorde à penser que le cours de la vie est jalonné d'aléas : aléas affectifs, économiques et de santé. Une malchance que nous nous employons tous à surmonter en consultant ceux qui peuvent intervenir efficacement. Ainsi les médecins, vétérinaires et guérisseurs sont pressentis pour remédier aux maladies des hommes et des animaux. Les techniciens ont pour rôle de réparer les machines défectueuses. Les voyants et les psychanalystes sont sollicités pour nous aider à mieux gérer nos rapports avec nous-mêmes et nos concitoyens.

Cœur de plume, exhumé d'un matelas. Plumes collées sur un tissu en forme de cœur. 18 cm.
Collection D. CAMUS.

Si ces spécialistes résolvent généralement nos problèmes, il est des cas où ils s'avèrent impuissants à y remédier et même à expliquer leur origine. C'est ici que s'ouvre la perspective du « malheur sorcier », qui prend des modalités très différentes, comme nous allons le constater.

LE « MALHEUR SORCIER »

Quand survient l'insolite

Le déroulement de la vie quotidienne peut soudainement laisser pantois les humains et les placer dans une situation intolérable. Cela fut le cas de monsieur Lemoine qui vit soudain ses quelque 900 cochons se battre et s'entre-dévorer oreilles et queues, brisant les couveuses et les enclos, étouffant leur progéniture dans la mêlée. Appelé à la rescousse, le vétérinaire admit « *y perdre son latin* » et tout le monde partagea alors le verdict suivant : « *c'est pas normal, il y a quelque chose !* » ; appréciation qui fut ensuite confirmée par le désenvoûteur, monsieur Level.

Des phénomènes étranges et inquiétants peuvent se manifester soudainement et très vite exclure toute interprétation rationnelle des faits, tout au moins pour ceux qui les subissent. Ce fut le cas de madame Lelavasseur, une bourgeoise aisée qui fut en proie à de curieux symptômes : audition de sifflements, perception d'odeurs nauséabondes, maux de tête et convulsions subites, vertiges, alternance de sensations de chaleur et de froid... Des manifestations physiologiques qui embarrassèrent les médecins qui se succédaient pour y mettre un terme. Puis, en l'espace de quelques heures, les choses se brusquèrent. Inexplicablement les portes se fermèrent toutes seules et/ou refusèrent de s'ouvrir, jusqu'au moment où, quand elle se coucha, le lit se mit à tressauter furieusement. Le caractère « infernal » de cette sarabande fut rapidement expliqué par madame Languevelec qui découvrit de singulières croix de plumes nouées de fil noir dans la literie de cette femme. Selon la désenvoûteuse ces objets sont autant de preuves de l'origine sorcellaire de cette situation anormale et, dès lors, ils accréditent les propos tenus par l'infortunée.

Ci-dessus : ***Envoûtement de volailles. Croix d'os noués par un fil noir. 9 cm.***
Collection D. CAMUS

Ci-dessous : ***Enfouir des objets maléfiques dans la literie de leurs victimes est une procédure qu'affectionnent les sorciers. Couronne d'ensorcellement de haine. Plumes nouées par un fil noir. 30 cm de circonférence.***
Collection D. CAMUS.

Le malheur en série

La plupart du temps, c'est la répétition du malheur qui ouvre la porte à l'explication des événements en terme de sorcellerie. Le cas des Hennec, pris en charge par monsieur Ménard, est typique de cette chaîne où chaque nouveau « coup du sort » devient dès lors indissociable du précédent et va croissant en intensité, jusqu'à toucher les humains. Les faits qui affligèrent ces petits exploitants agricoles d'une cinquantaine d'années se déroulèrent de la façon suivante :

— des pannes successives de tracteur et la disparition d'une herse perturbent le bon déroulement des labours. Plus tard surviennent de singuliers bris de matériel : tronçonneuse, faucheuse, charrette écrasée sous une curieuse chute d'arbre. Le tank à lait tombe ensuite subitement en panne, gâchant ainsi la production, puis c'est au tour du congélateur ;

— la fécondation des vaches n'aboutit pas ou donne des veaux mort-nés ;

— les lapins, poules et coqs crèvent subitement, tout comme le bétail. Par ailleurs, les vaches s'affolent dans

Cœur enterré, lardé de morceaux de verre.
Collection D. CAMUS.

Cœur encloué sur une clôture de pré. Rituel destiné à maléficier le bétail.
Collection D. CAMUS.

les pâtures dont elles détruisent les clôtures de fil de fer barbelé ; une furie qui se solde par des pattes cassées et l'abattage de plusieurs d'entre elles ;

– monsieur et madame Hennec ne sont pas non plus épargnés. Après une entorse qui le handicape durant trois semaines, le paysan a des accès de fièvre qui le « *clouent au lit* ». Sa femme, dont l'un des bras se couvre d'eczéma, est également affligée de fulgurantes sudations, des maux qui apparaissent à heure régulière, au moment de la traite des vaches ;

– dans le même temps les greniers sont envahis par les rats qui mettent à mal la récolte de grain.

Au bout d'un an et demi de cette dramatique situation à laquelle ne purent remédier les réparateurs, vétérinaires et médecins consultés, monsieur Ménard fut pressenti pour remettre les choses en ordre ; ce qu'il eut bien du mal à faire car dans les mois qui suivirent le bétail fut de nouveau touché par les sorts et le couple atteint de maladies aussi bizarres que soudaines. La tragédie culmina par une succession d'accidents de voiture dont l'un fut fatal à leur fils.

Là aussi, des objets de sorcellerie (crapauds martyrisés, cœurs encloués, poupées d'envoûtement...) furent périodiquement découverts. Des matériaux utilisés dans des buts précis (que nous examinerons au chapitre 6) qui confirment pour les protagonistes de cette affaire qu'elle se situe dans le registre du « pas ordinaire » – d'où l'échec des spécialistes appelés à la rescousse – et qu'il est donc logique d'employer des moyens qui ne relèvent pas de la raison commune et du savoir partagé par tous pour la résoudre.

Le crapaud tient une place de choix dans le bestiaire sorcier.
Collection H. BERTON-SEREST.

solites se produisent (déplacements d'objets, de meubles...). Ces manifestations ne sont souvent perçues que par les seuls persécutés (odeurs déplaisantes, bruits...) ; les gens ont soudain un autre comportement (mésentente avec l'entourage, rupture familiale...) et sont affligés de maladies dont les symptômes sont parfois curieux. À la finale, la vie sociale, affective, économique des individus est malmenée et cela se solde par des divorces, des pertes d'emplois, des faillites, des échecs dans de multiples domaines et des décès du fait de maladies, d'accidents ou de suicides.

Ci-dessus :
Cœur percé d'un éclat de verre. Découvert dans le mur d'un cellier.
Pâte à bois et verre, 10 cm.
Collection D. CAMUS.

À droite :
Poupée en cire, de fabrication industrielle et plumes.
Musée de la Sorcellerie, Blancafort (Cher).

CARACTÉRISTIQUES DU « MALHEUR SORCIER »

Les cas qui viennent d'être exposés nous permettent de percevoir les traits particuliers du « malheur sorcier » et, ainsi, de le dissocier de la simple malchance – si tragique soit-elle – avec laquelle il est souvent confondu par ceux qui ne désignent pas ainsi leurs épreuves.

Quels que soient les faits qui jalonnent les affaires d'envoûtement, le scénario est immuable. Les objets échappent au contrôle des humains et perturbent leurs activités, voire mettent leur vie en péril (pannes et bris de machines, accident de voiture...) ; les animaux sont atteints (ils ont un comportement anormal, ne se reproduisent plus, deviennent malades ou crèvent) ; des phénomènes in-

Dans de telles conditions, ces personnes vivent dans la terreur, dans l'angoisse du lendemain et du prochain « coup » qui va arriver. En effet, pour quelle raison la situation s'améliorerait-elle alors que tous les moyens utilisés pour « s'en sortir » ont été inefficaces ?

Si la sorcellerie apparaît pour certains comme une interprétation du malheur, ce rapport de causalité a comme particularité d'intervenir en dernier recours, une fois consacré l'échec des spécialistes autorisés à l'expliquer et y mettre fin. Mais tenir de tels propos n'est pas concevable dans une société dont les élites rejettent le magique. Si l'on ne veut pas être considéré comme un arriéré superstitieux, un imbécile ou comme un délirant relevant de

Statuette d'envoûtement en bois, trouvée dans le double plancher d'une grange de Haute-Loire.
Collection H. BERTON – SEREST.

la psychanalyse, il vaut mieux se taire, ne pas faire état de son vécu, se replier sur soi. Cette illégitimité de tout discours en la matière aboutit à placer ceux qui vivent ce drame dans une quasi-position de « mort sociale » alors même qu'ils ont besoin de tous les soutiens possibles. Des appuis qu'ils trouveront néanmoins auprès d'une partie de leurs proches.

En effet, hormis lorsqu'ils sont confrontés à des phénomènes paranormaux, les gens n'apprécient pas eux-mêmes leur situation en terme de sorcellerie. Il y a toujours un proche (membre de la famille, ami, voisin) qui, en commentant son anormalité, lâchera le mot fatidique d'envoûtement. Une personne qui peut émettre ce diagnostic, soit parce qu'elle a été elle-même atteinte par le « malheur sorcier », soit parce qu'elle connaît des gens qui le sont également ou l'ont été. Dans bien des cas, c'est ce « révélateur » qui se chargera de contacter celui qui peut intervenir dans un tel registre : le désenvoûteur.

En conclusion, on constate que le diagnostic de l'état d'ensorcelé est toujours le fruit d'un verdict collectif et qu'une partie du corps social est engagée dans le processus curatif qui peut dès lors se mettre en route, puisque le mal a été nommé et son origine découverte.

L'envoûtement par l'œuf. Grand classique de la sorcellerie. L'œuf, qui symbolise la vie, est « chargé » avec un tissu ayant appartenu à la victime, puis détruit par des épingles à têtes noires.
Collection D. CAMUS.

Tableau de Mission, Congrégation du Mené à Vannes (Morbihan).
XIXe siècle, Musée de la Cohue, Vannes.
Ph. Y. BOËLLE.

L'EGLISE ET LA SORCELLERIE

Compte tenu de la place qu'occupa l'Eglise dans le domaine de la sorcellerie, le curé demeure toujours un interlocuteur privilégié pour ceux qui pensent être victimes d'un jeteur de sorts. Mais bien souvent, ils jugent insatisfaisantes les réponses que leur donnent les prêtres.

Si les ensorcelés parlent indifféremment de possession ou d'envoûtement pour signifier qu'ils n'ont plus leur libre arbitre et que quelqu'un les domine, l'homme d'Eglise établit, au contraire, une distinction tranchée entre ces deux termes. Pour le clergé, la possession est la prise du corps de quelqu'un par Satan ou l'un de ses sbires dans le but d'atteindre un objectif déterminé. L'infortuné ne compte pas et peu importe ce qu'il adviendra. Dans le cas de l'ensorcellement le schéma est tout autre. C'est la situation dans laquelle se trouve sa victime qui intéresse le jeteur de sorts. S'il agit sur elle, c'est parce qu'il la lui jalouse, parce qu'il désire prendre sa place.

Comme, en définitive, le diable et le sorcier poursuivent des buts différents, les symptômes présentés par les persécutés ne peuvent être similaires et doivent donc être rigoureusement répertoriés.

Si les religieux ont pris soin d'effectuer ce travail de classification, ce n'est pas pour être mieux à même d'opérer dans l'un et l'autre cas, mais simplement pour ne pas se faire abuser.

En effet si les hommes de Dieu conçoivent que le Malin ait des « pouvoirs » lui permettant de poursuivre ses obscures visées et d'assujettir les humains à ses desseins, ils refusent l'idée qu'un simple mortel puisse agir de même. De nos jours, la majorité des prêtres exorcistes (il y en a au moins un par diocèse) repoussent tout discours visant à faire admettre qu'un homme puisse influencer un autre par des voies magiques et renvoient dans le registre du médical - généralement dans celui de la psychanalyse - toute personne prétendant être dans ce cas.

Mais cette attitude est mal perçue par les souffrants qui ne comprennent pas pourquoi ce personnage qui a le « pouvoir » de faire rendre raison au Malin refuse de contrarier les œuvres d'un simple humain, fût-il sorcier. Ne sachant plus alors « à quel saint se vouer », les envoûtés remettent leur sort dans les mains de ceux qui s'affublent du titre d'exorciste et clament haut et fort qu'ils sont les hommes de la situation.

Et même si certains curés, conscients de ce danger, prêtent une oreille charitable aux propos de ceux qui les consultent, et leur proposent un parcours de soutien relayé par la prière, voire parfois par des bénédictions ou la distribution de médailles pieuses - tout en ayant grand soin de n'être pas ainsi pris pour des magiciens –, la plupart de ces personnes estiment que cela ne saurait suffire. Dans un tel cadre, le sorcier devient alors pour elles l'ultime recours.

Tableau de Mission, Congrégation du Mené à Vannes (Morbihan).
XIXe siècle, Musée de la Cohue, Vannes. Ph. Y. BOËLLE.

Les symptômes de la possession

En 1614, l'Eglise codifie les symptômes de la possession diabolique :
1 - Le don de parler une langue qui n'a pas été apprise par la personne ;
2 - La connaissance de choses qu'elle ignore (déroulement d'événements lointains, pensée des gens qui l'entourent, découverte d'objets cachés) ;
3 - Avoir une force physique dépassant celle ordinaire de l'individu.

A cela s'ajoutent des signes secondaires :
— le blasphème et la profanation des choses saintes ;
— l'aversion pour les objets et symboles sacrés (croix, eau bénite) ;
— le déclenchement de phénomènes corporels : lévitation, postures anormales, contorsions, altération des muscles, insensibilité à la douleur, enflures de certaines parties de l'organisme, transformation du visage, saignements, sécrétions fétides, régurgitation de corps étrangers, exhalaison d'odeurs infectes, transformation de la voix ;
— la création de phénomènes paranormaux, déplacement et/ou embrasement d'objets, émission de bruits insolites...

En conclusion, on peut dire que le corps du possédé est le lieu d'une dramaturgie hautement expressive, qu'il se manifeste par une intense activité. A la différence, le corps de l'envoûté est immobile, « pris » par la maladie qui le ronge et l'affaiblit.

« Arcane X », huile sur toile, Dominique EHRHARD, Orléans. D.R.

LA QUÊTE DU « BONHEUR SORCIER »

Nous l'avons vu, l'envoûté est incapable de mener à bien ses activités à cause de l'irruption de faits sur lesquels il n'a pas prise et qu'il impute à un tiers. Singulièrement, les personnes qui requièrent les services d'un jeteur de sorts sont dans une situation similaire. Elles aussi sont en situation d'échec et obnubilées par la nécessité de sortir de cette conjoncture. Elles aussi ont épuisé tous les recours communément admis pour atteindre ce but. Elles aussi attribuent à autrui leurs dramatiques conditions d'existence. Là encore, le sorcier est pour elles le seul être capable de modifier le cours de leur destinée. Là encore, son rôle est de faire fléchir celui qui s'oppose à son client, celui qui est à l'origine de sa tragédie.

L'amour sorcier

Laurence Gaudeur, infirmière d'une trentaine d'années, s'en remet ainsi à monsieur Jamelin pour tenter de ramener à elle son compagnon.

Epouse d'un cadre supérieur d'une grande entreprise commerciale, Françoise Leroy veut « refaire sa vie ». Comme son mari refuse le divorce et entend toujours ne pas faire chambre à part, elle se sent alors contrainte de faire appel aux services de madame Arlène pour le faire fléchir.

La roue de la fortune

Jean Poulard est un restaurateur malheureux. Malgré de multiples changements de décor, de personnel, de carte – pourtant alléchante –, il s'achemine vers un dépôt de bilan. Dans l'espoir de l'éviter, il fait intervenir monsieur Maugeard, qui est régulièrement contacté pour doper les chiffres d'affaires de commerçants ou d'entrepreneurs malchanceux.

C'est également pour faire « tourner la roue de la fortune » que monsieur Chaidec a été sollicité par monsieur Trouadec, un employé de banque de 32 ans. Celui-ci n'a plus qu'une idée en tête : prendre la place de son chef de service qui, selon lui, le persécute et est responsable de sa stagnation au sein de l'entreprise, espérant qu'un salaire plus élevé et cette promotion seront de nature à infléchir son ancienne amie pour qu'ils reprennent leur vie commune.

Recto

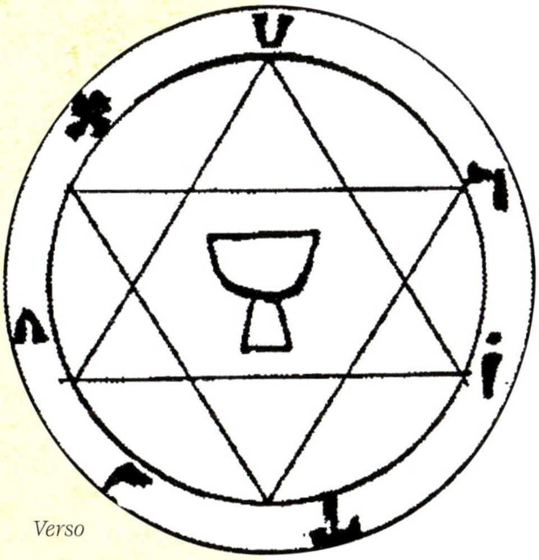

Verso

Dessin d'un talisman de richesse.
Collection D. CAMUS.

Talisman de richesse

Cette médaille destinée à procurer la richesse à son possesseur a été façonnée par monsieur Jamelin. Sur sa face recto est tracé un croissant de lune en phase ascendante, son développement symbolisant l'accroissement de la fortune destinée à être recueillie dans la coupe d'abondance figurant au verso. Un récipient qui est protégé par deux cercles où est écrit en « caractères magiques » le nom de l'ange Gabriel qui gère les influx lunaires qui sont particulièrement propices à ce type d'opération.

ENVOÛTEMENT D'AMOUR. On remarquera que les statuettes sont fixées sur un socle vert (couleur associée à Vénus, la planète qui préside aux affaires de cœur), qu'elles ont liées par un fil rouge (couleur de la passion), que l'homme signale son ardeur amoureuse par la teinte de son sexe en érection et, enfin, que c'est lui qui est visé par le sortilège car trois épingles à têtes rouges sont fixées dans son cœur, matérialisé par cette couleur. Couple en plâtre, 26 et 22 cm.
Collection D. CAMUS.

La vengeance

Claudine Pailec, célibataire d'une trentaine d'années et sans profession, est furieuse. Son richissime amant vient de lui signifier la fin de leur liaison. Délaissée sentimentalement par cette rupture, elle décide de se venger en lui faisant payer le prix de sa peine. Monsieur Conté est chargé de cette besogne.

Lorsque Laurence Gaudeur constata que son ex-compagnon était fermement décidé à ne plus convoler avec elle, elle demanda à monsieur Jamelin de châtier celui qui avait été l'objet de ses tendres pensées : faire en sorte que sa nouvelle amie le quitte.

LES MOTIFS DE LA SORCELLERIE ET LES ACTEURS DU DRAME SORCIER

Des causes

Comme le montrent les exemples rapportés précédemment, les causes du recours au sorcier ne sont pas nombreuses, malgré la complexité des situations qui les génèrent. Que l'on examine la question en se tournant du côté des demandeurs d'envoûtement ou en appréciant le point de vue de ceux qui veulent être désenvoûtés, il apparaît clairement que la vengeance et l'envie sont à l'origine de la tragédie sorcière.

– Les Le Litré et les Hennec sont victimes d'une vengeance liée à des motifs économiques. Selon eux, c'est un de leurs voisins qui cherche à acquérir une partie de leurs terres.

– Madame Lelavasseur est aux prises avec une sorcière qui essaye de lui ravir son mari et capter ainsi son patrimoine.

– Madame Leroy tente de se séparer d'un mari qu'elle juge tyrannique.

– Monsieur Lemoine subit le dépit sentimental d'un jeune homme qui ne peut courtiser sa fille « promise » au fils d'un ami dont il est l'employé.

– Mesdemoiselles Pailec et Gaudeur veulent venger leurs amours blessées.

– Messieurs Poulard et Trouadec espèrent accroître leur patrimoine financier au détriment de concurrents.

L'amour, l'argent, la vengeance sont, en définitive, au cœur de la sorcellerie.

Envoûtement de haine.
Trois clous perforent le cœur de cet homme fiché sur une planche découverte dans un grenier.
Argile et bois, 27 cm.
Collection D. CAMUS.

Un recours transculturel

Le drame de la sorcellerie se déroule toujours entre personnes qui se connaissent, qui participent au même univers social, relationnel et affectif : voisins, collègues de travail, amis, conjoints et membres de la famille.

Par ailleurs, les conflits qui sont à l'origine de la crise, liés à l'accroissement et/ou la sauvegarde d'un patrimoine relationnel, affectif et économique (ou sa capacité à les créer), ne sont pas spécifiques à des catégories sociales particulières. Ainsi les protagonistes des affaires exposées précédemment (dont les noms sont fictifs afin de respecter leur anonymat) sont des chefs d'entreprise, des cadres supérieurs, des commerçants, des employés de bureau, des membres du corps médical, des agriculteurs.

En définitive, les clivages culturels ne jouent pas pour expliquer le recours à la sorcellerie. À cet égard, il est frappant de constater que, contrairement à ce qu'avance l'opinion commune, les clients des sorciers sont rarement des férus d'ésotérisme ou de mysticisme. Ce qui les intéresse, ce sont les perspectives offertes par cette voie : l'espoir de rester maîtres de leur destinée, même si pour un temps ils doivent la déléguer à un tiers : à un « Homme du Don ».

Notons enfin que les urbains ne sont pas plus à l'abri des visées magiques de certains que les ruraux. Contrairement à une idée répandue, la sorcellerie ne se déroule pas seulement au fin fond des campagnes.

Envoûtement amoureux.
Le sexe de cet homme encloué est percé d'épingles à têtes noires afin de provoquer son impuissance.
Pâte à bois et bois, 33 cm.
Collection D. CAMUS.

Les règles de la sorcellerie

UN MONDE DANGEREUX OÙ RIEN N'EST ACQUIS D'AVANCE

Lorsque le client aura trouvé un sorcier qui accepte de prendre en charge son cas, il découvrira qu'il met les pieds dans un univers dangereux où il n'est pas dit qu'il obtienne gain de cause car « un choc en retour » est toujours possible. En effet toute opération de ce type peut échouer car son résultat dépend de « la force » des protagonistes en présence et de leur pugnacité. Or il n'est pas dit que l'intervenant ne puisse pas se heurter à un adversaire plus puissant que lui. C'est ce qui est arrivé à madame Languevelec qui, après avoir été rudement secouée en tentant de magnétiser Irène Lelavasseur, dut s'adjoindre les services d'un exorciste pour mettre hors de danger l'envoûtée. De même, à deux reprises Laurence Gaudeur a payé de sa santé son entêtement à vouloir se venger de son ancien amant. Madame Le Men reconnaît également en avoir « *vu des rudes* », confessant qu'il lui est « *même arrivé d'avoir dû abonner des affaires en cours* ». Madame Arlène résume ainsi la situation : « *Comme toute action de sorcellerie se répercute forcément sur quelqu'un et provoque une riposte, on est*

- 4 MARS 1976

Informations générales

Après avoir suivi les " Cinq dernières minutes " (une enquête au pays de la sorcellerie)

Les deux fils et leur mère vont tuer le « jeteur de sorts »

« Le collier d'épingles » : pour les gens bien équilibrés

Il rendait sa victime responsable de son impuissance

Procès d'un "désenvoûtement" par le feu

OF du 25 10 94

Pour retrouver sa virilité, il avait immolé par le feu, en mars 1991, une femme qui avait été un de ses flirts de jeunesse, dix-sept ans plus tôt. Une voyante l'avait dé-

sas de sécurité de l'immeuble, il en sera libéré par... Gérard Roudil qui rentre de l'hôpital. Il ne se doute pas qu'il vient d'offrir la liberté au meurtrier de sa femme !

toyage industriel de Montpellier à accomplir son horrible geste ? Père d'un garçon de 12 ans, Michel Guibal, 41 ans, est marié depuis 1977. Un mariage qui bat de l'aile depuis quelques années. Problèmes sexuels : Michel Guibal devient impuissant. Consulta-

Plus de 60 000 F pour guérir les poules

Trois ans de prison au marabout

OF. 30.10.86

« Grand voyant et médium international peut résoudre tous vos problèmes même désespérés »... Les petites annonces pour médiums, marabouts et autres désenvoûteurs bidons fleurissent sur les journaux gratuits pour soigner les gogos à l'aide de grigris.

RENNES. — Le marabout « Tapha », alias Sankoumba Touré, Sénégalais d'origine, condamné à dix mois de prison en première instance pour escroquerie, avait mal lu dans son marc de café avant de faire appel de cette décision

écoper de trois ans de prison ferme... Le marabout manquait de fluide et de nez.

Tout cela pour avoir pris une première fois 7 100 F à une femme des environs de Rennes afin de désenvoûter

ment 64 500 F pour les frais de voyage.

La brave dame donna un chèque en blanc en gage et demanda à sa banque un prêt et un retrait de 70 000 F pour

Un métier à haut risque.

© extraits du journal « Ouest-France »

constamment menacé. Il faut qu'il y en ait un des deux qui craque. C'est la règle. Le tout c'est de supporter les coups... ou de les éviter. »

D'emblée, l'échec possible est annoncé comme l'une des règles de la sorcellerie. En effet, comme le souligne monsieur Ménard, « *on ne peut jamais dire à quelqu'un qu'on est sûr à cent pour cent que ça va marcher. Tout dépend du type qu'on a en face de nous. Ça peut être un coriace. Il n'y a que les clowns* – les charlatans – *qui disent ça, pour appâter le client* ».

Cette façon de présenter les choses a son importance car si le résultat escompté n'est pas au rendez-vous, cela ne signifie pas pour autant que le sorcier n'ait pas les « pouvoirs » que certains lui reconnaissent. La justesse de sa renommée n'est pas remise en cause et le système de croyance peut continuer à fonctionner. En outre, en spécifiant de suite la possibilité de cette perspective, l'officiant montre les risques qu'il prend en s'engageant dans l'affaire, le don de lui-même qu'il consent et, en définitive, son optimisme pour être – encore une fois – vainqueur.

Ceci ne veut cependant pas dire que le succès va être arraché rapidement.

De fait, de telles entreprises sont longues à aboutir et parsemées d'imprévus et de rebondissements.

Les désenvoûtements des Le Litré et des Hennec prirent respectivement six et dix-huit mois et ceux de monsieur Lemoine et de madame Lelavasseur six et quinze. Les demandes d'envoûtement de mesdames Pailec, Leroy et Gaudeur se conclurent au bout de six mois, un an et trois ans. Seuls messieurs Trouadec et Poulard accédèrent à la félicité en un temps record : un trimestre. La simplicité de leurs exigences et l'absence de réaction de la part de leurs opposants expliquent selon les sorciers la rapidité de l'affaire.

Figurine en paille percée de sept clous. 40 cm.
Collection D. CAMUS.

LA PROCÉDURE DU RITE SORCIER : LE RESPECT DE LA VERTU DE L'ÉPROUVÉ

Véritable lien entre les fondements théoriques sur lesquels il repose et ses procédures de mise en œuvre, le rituel magique est très structuré et souvent très complexe. En soumettant l'officiant à des déterminismes multiples, il limite d'autant ses possibilités d'improvisation et ses facultés d'invention. Il en résulte que l'esprit de répétition domine et que les « arts sorciers » semblent figés *ad vitam aeternam*. De fait, dans un domaine où le danger est supposé constant, il vaut mieux renouveler la vertu de l'éprouvé qu'innover. Mais le changement n'est pas pour autant absent. Simplement, il se fait par ajout et non par substitution, en vertu du principe qu'un « plus » ne saurait nuire.

Ainsi, pour « revitaliser » leurs patients, de nombreux sorciers comme messieurs Ménard ou Dréan adjoignent les « passes magnétiques » aux traditionnelles herbes de la Saint-Jean. De même, pour localiser des objets porteurs de maléfices, le pendule et des appareillages électroniques prennent le relais du pendule ou de la baguette de coudrier s'ils ont la faculté de les manier. Sans remplacer la classique poupée d'envoûtement, la photographie est également employée pour atteindre les victimes.

Mais, quelle que soit la procédure adoptée, pour éviter que les opérations ne se déroulent pas comme prévu, le sorcier et son client doivent manifester une volonté sans faille et suivre à la lettre certains préceptes imposés par le rite à effectuer, faute de quoi son effet serait nul, voire négatif.

Cœur de poulet perforé de neuf épingles à têtes noires, dans lequel est insérée la photographie de la victime.
Collection D. CAMUS.

L'envoûtement sexuel.
Tronc féminin percé d'épingles à têtes noires dans lequel est enfoui un morceau de vêtement de la victime. Il s'agit de l'empêcher d'avoir des rapports sexuels en les rendant douloureux. Plâtre, 11 cm.
Collection D. CAMUS.

Le pendu.
Poupée en plâtre et fil de fer, 18 cm.
Collection D. CAMUS.

CARACTÉRISTIQUES DU RITUEL MAGIQUE

La répétition

Sachant que le rite magique consiste à soumettre quelqu'un à l'action de « forces » ou à contrarier leurs effets, la victoire ne saurait être acquise de suite. C'est pourquoi les opérations de sorcellerie sont fréquemment répétées. Par exemple, monsieur Level intervient trois fois sur le cœur représentant son adversaire, laissant trois jours d'intervalle entre chaque attaque. C'est également pendant trois jours que madame Languevelec immerge dans l'eau bénite les gants de caoutchouc qui la protégeront des « ondes négatives »

Croix de plumes découverte dans un oreiller.
Feutre de matelas recouvert de plumes, 12 cm.
Collection D. CAMUS.

Cœur de bœuf encloué de trois pointes.
Collection D. CAMUS.

que sont censés propager les objets d'envoûtement qu'elle découvre chez madame Lelavasseur. C'est aussi à raison de trois séances quotidiennes d'imposition des mains durant trois semaines qu'elle magnétise sa photographie afin de la revitaliser. De même, lui prescrit-elle de lire cinq fois de rang pendant trois semaines une prière de retour d'affection qui ramènera son mari au domicile conjugal.

Monsieur Ménard s'y reprend à cinq fois pour détruire les sept chevilles de bois que le supposé tourmenteur de monsieur Hennec a plantées dans l'empreinte de ses pieds dans le but de lui occasionner une douloureuse claudication.

Sept clous sont fichés dans un cœur de veau que monsieur Dréan exhume chez les Le Litré.

Monsieur Ménard, quant à lui, utilise onze pointes pour désensorceler le lait et treize lorsqu'il renouvelle l'opération.

Cette réitération traduit la volonté de l'officiant d'arriver à ses fins mais renseigne également sur les concepts qui fondent l'univers du magique, notamment sur ses représentations spatiales et temporelles car c'est dans le temps et l'espace que sont censées agir les entreprises occultes.

Comme les nombres traduisent la façon dont nous imaginons ces deux pôles élémentaires de notre univers et les règles qui gèrent les rapports entre les différents éléments qui le composent, on comprend l'importance des chiffres dans le rituel sorcier.

Le 3, le 5, le 7, le 9 – plus rarement le 11 et le 13 – reviennent constamment.

Le premier renvoie à la sainte Trinité de l'Eglise catholique, le second aux cinq plaies du Christ, le troisième aux sept dons du Saint-Esprit, le quatrième aux neuf cœurs des anges, le treize à la réunion des douze apôtres autour de Jésus.

Si des associations d'idées issues du domaine du religieux peuvent ainsi être liées aux chiffres, leur valeur symbolique est plus complexe et sujette à d'autres lectures.

Ainsi le 3, qui est formé du premier chiffre pair auquel s'ajoute l'unité, ouvre la porte à l'addition illimitée et, par extension, à l'univers qui est constitué de trois éléments : le commencement, le milieu, la fin. C'est donc le parfait.

Le 5 qui, adjoint au 3, l'équilibre des contraires, représenté par le premier chiffre pair, évoque l'harmonie universelle au travers de ses quatre éléments (la terre, l'eau, le feu, l'air) complétés par le vide que symbolise l'unité et où se situent le principe et la fin de toute chose.

Le 7 est associé aux planètes auxquelles sont reliés tous les composants de notre environnement (les métaux, les végétaux, les animaux...). Traduisant le mouvement cosmique rythmé par la répétition des phases lunaires et solaires, il signifie le processus de transformation qui préside au renouvellement de toute chose.

Cœur de bœuf percé de neuf clous prêt à être enterré.
Collection D. CAMUS.

Le 9, carré du chiffre novateur qu'est le trois, évoque l'universalité, la mesure du temps marqué par la durée de la gestation.

Le 11 est un nombre particulièrement néfaste car l'addition de l'unité au dix signifie la rupture de l'harmonie du cycle complet que celui-ci exprime. Il est donc particulièrement employé dans les rites agressifs.

Il en est de même du 13 car l'ordonnancement du mouvement cosmique (la Terre effectue douze révolutions autour du soleil, subissant successivement l'influence des planètes qui gouvernent les douze signes du zodiaque) est brisé par l'adjonction de l'unité.

Les œuvres magiques étant rythmées par la répétition qui les inscrit dans un espace temporel clairement défini, celles-ci ne se déroulent donc pas n'importe quand.

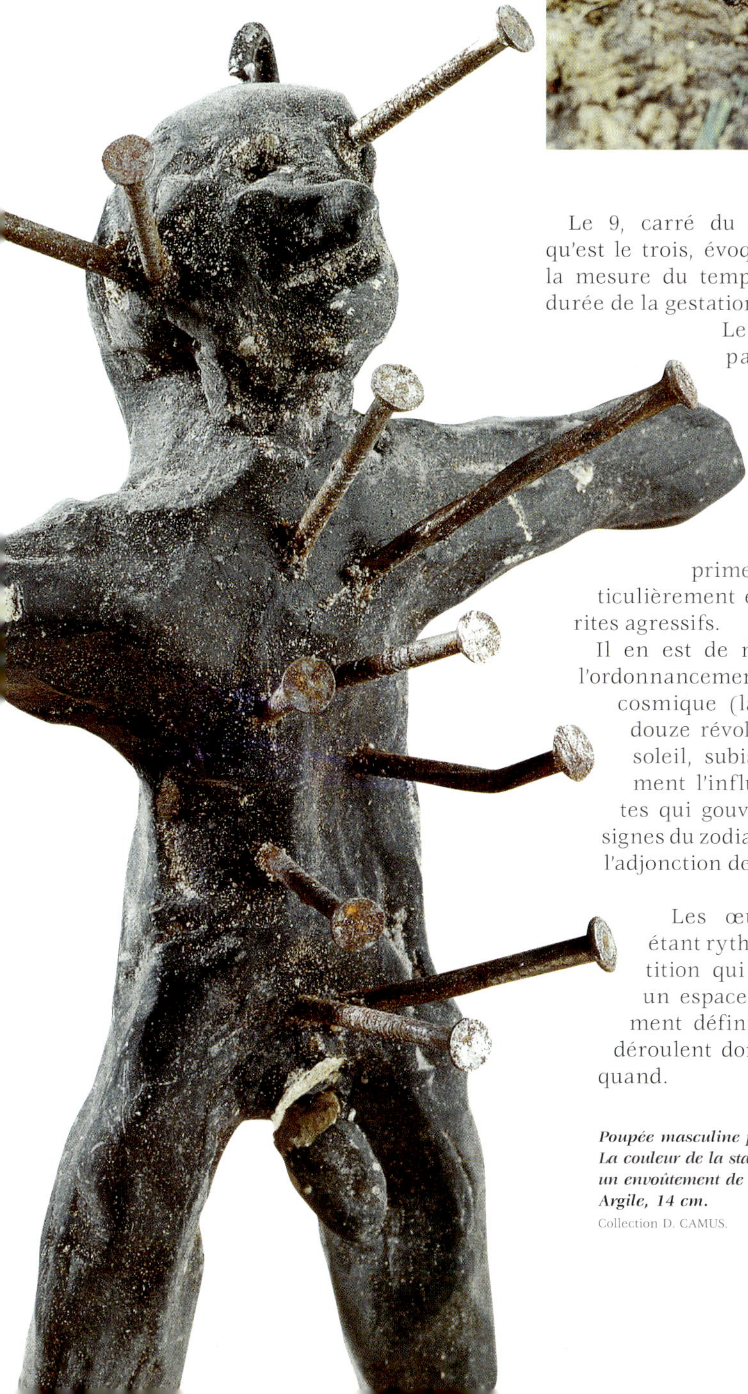

Poupée masculine percée de onze clous. La couleur de la statuette suggère un envoûtement de mort. Argile, 14 cm.
Collection D. CAMUS.

Aube sur les monts d'Arrée. Cette région du Centre Bretagne est un endroit de prédilection pour la cueillette des herbes du solstice d'été.
Ph. Y. BOËLLE.

Le temps des œuvres sorcières

Les activités sorcières ne se déroulent pas à n'importe quel moment. D'une manière générale, elles sont effectuées en tenant compte de conjonctures astrales jugées favorables aux entreprises projetées.

L'obscurité étant propice aux entreprises secrètes, les jeteurs de sorts agissent de préférence à rebours du soleil : la nuit.

A l'opposé, l'aurore, qui voit le renouveau du jour – de la vie –, est privilégiée pour la conjuration.

Si la lune préside ainsi aux opérations « maléfiques », elle les détermine également par ses différentes phases. C'est en période de lune montante qu'ont lieu les envoûtements amoureux ou les opérations de « retour d'affection » car, comme l'affirme monsieur Conté, c'est « *qu'à ce moment les influx lunaires sont plus forts* ».

Par contre, le moment de sa décroissance est utilisé par monsieur Jamelin pour « nouer l'aiguillette » de ses victimes, car selon lui, tout languit durant ce laps de temps.

Si les œuvres sorcières sont liées au permanent jeu de cache-cache entre la lune et le soleil, les inductions sidérales des autres planètes ne sont pas non plus sans effets sur elles. C'est, par exemple, en se plaçant sous les influx de Mars – unanimement considérée comme maléfique par les astrologues – que madame Arlène lance les maléfices qu'elle veut fatidiques.

De même, monsieur Jamelin effectue-t-il ses envoûtements d'amour et ses potions destinées à éveiller les ardeurs des plus timorés, le vendredi sous les auspices de Vénus.

Par ailleurs, certains moments de l'année, comme ceux qui marquent le passage d'une saison à une autre, ou les solstices, conditionnent également les agissements des « Hommes du Don » :

– la nuit du 30 avril au 1er mai, appelée Eve de Mai, nuit de Walpurgis dans le monde germanique ou Beltaine dans le celtique, marque la fin de l'hiver et l'arrivée du printemps ;

– la nuit du 31 juillet au 1er août, nommée Lammas ou Lugnasad chez les Celtes, célèbre la venue de l'été ;

– la nuit du 31 octobre au 1er novembre, l'Halloween des Anglo-Saxons, la Samain ou le jour de l'an celtique, annonce l'automne ;

– la nuit du 31 janvier au 1er février, le Brigid's Day, Imbole dans la religion druidique, ou la Chandeleur, salue l'hiver.

Les nuits de Noël, de Pâques et de la Saint-Jean sont aussi considérées comme des périodes d'élection pour préparer les maléfices ou fourbir les armes qui serviront à les retourner.

Enfin, certains sorciers, comme monsieur Conté, prennent en compte un calendrier « occulte » des jours propices ou néfastes pour œuvrer.

Le tombeau de Merlin.
En Brocéliande, la sépulture du maître enchanteur est le lieu d'étranges visites nocturnes.
Ph. Y. BOËLLE.

Sceau de Salomon gravé sur une cheminée. La Gacilly, Morbihan.
Ph. D. CAMUS.

Le sanctuaire magique

Hormis lorsqu'ils sont obligés d'opérer « sur le terrain », par exemple pour désenvoûter des locaux, des personnes ou des animaux, les sorciers n'agissent pas n'importe où. Tous prennent soin de séparer géographiquement ce qui est du ressort de leurs activités profanes de celles du domaine professionnel. Ainsi, comme la plupart de ses homologues, madame Languevelec a aménagé dans sa maison une pièce spécifiquement consacrée à ses œuvres magiques. Dans cet « occultum » ne pénètre que la maîtresse des lieux car il est empli de « forces » qui lui sont propres et dont la « puissance énergétique » a été savamment calculée. Pour franchir le seuil d'un tel endroit sans craindre que les « puissances » qui y séjournent ne se retournent contre l'intrus, il est

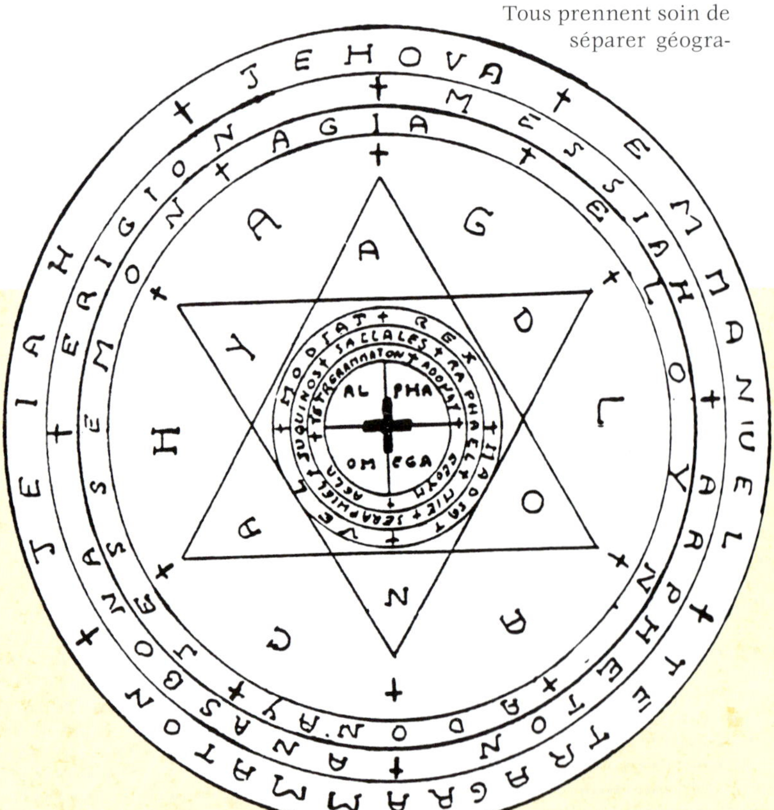

Cercle protecteur de l'occultum de monsieur Maugeard

L'Alpha et l'Oméga – qui signifient le début et la fin de toute chose – entourent les quatre bras de la croix qui capte les « énergies cosmiques ». Elle est protégée par le triple cercle de Mercure enchâssé dans un hexagramme dont les pointes sont rehaussées de croix défensives. Dans les cercles sont inscrits les noms hébraïques « d'esprits supérieurs » particulièrement « puissants ».

Figures protectrices sculptées au-dessus d'une porte. La Gacilly, Morbihan.
Ph. D. CAMUS.

d'usage de réciter des formules conjuratoires, connues des seuls sorciers.

« *Cet endroit est chargé. C'est un lieu personnel. Si quelqu'un rentre là d'dans, vous pouvez être sûr que tout va se retourner contre lui. Tout est fait pour* », confie monsieur Jamelin qui précise que la chose n'est pas nouvelle car « *en Egypte c'est comme ça qu'ils protégeaient leurs tombeaux* ».

Par ailleurs, les murs, et souvent même le sol des sanctuaires occultes s'ornent de figures cabalistiques et de « cercles protecteurs » destinés à prévenir l'officiant de l'irruption « d'ondes étrangères » et à châtier l'impudent.

L'exigence de prescriptions négatives

Nous l'avons vu, afin d'être toujours au « top niveau » les sorciers ont une hygiène de vie qui exclut les fastes de la chair. Cette relative ascèse est, par contre, une impérieuse obligation lorsqu'ils se servent de leurs dons. Madame Arlène jeûna ainsi durant les sept jours qui précédèrent l'ultime opération menée contre monsieur Leroy.

Avant de réaliser son « occultum », monsieur Jamelin s'imposa quarante jours de chasteté et s'interdit toute ingurgitation de viande, d'alcool ou d'excitants comme le café ou le thé. Madame Languevelec confesse de même que feu son mari n'appréciait guère de partager l'abstinence sexuelle de son épouse lorsqu'elle entreprenait un désenvoûtement. « *Là c'était pas toujours ma sorcière bien-aimée* », confie-t-elle compatissante.

Ces prescriptions s'appliquent aussi aux clients des magiciens quand ils sont mis à contribution, ce qui n'est pas toujours de leur goût.

« *C'est un comble, moi je suis obligée de faire ceinture alors que lui* – son ex-compagnon – *il se gêne pas* », tempête Laurence Gaudeur avant d'exécuter le rituel qui, espère-t-elle, ramènera vers elle l'amant volage.

Ces interdits ne sont pas seulement une purification préalable. Ils interviennent dans un cadre complexe où tout compte pour le maniement correct – sans péril – de « la force magique » et sont déjà une partie de l'entreprise, au même titre que les autres éléments nécessaires à son accomplissement.

Prière de consécration d'un sanctuaire magique

« ✝ Adjutorium nostrum in nomme demiurgi qui fecit caelum et terram.
Te Demiurgum suppliciter exorasmus pro hac domo, ac rebus :
ut eam benedicere et sanctificare, ac bonis omnibus ampliare digneris.
Tribue cis, domine, de rore caeli abundantiam,
et de pingue dine terrae vitae substantiam.
Per simplicitatem meam, per scientiam, meam, per fortitudinem meam.
Amen. ✝ »

Un emploi codifié des matériaux

Pour pouvoir œuvrer comme ils le souhaitent, les sorciers ont élaboré un système complexe de représentation des choses qui associe leur aspect extérieur à une réalité invisible qui leur correspond.

Parmi les symboles qui figurent l'intention du rite et ses effets attendus est la couleur.

Par exemple, le noir évoque le mal car il est lié aux forces obscures qui rôdent dans les ténèbres. C'est pourquoi monsieur Conté utilise des cierges de cette teinte pour procéder à l'envoûtement de l'ex-conjoint de Claudine Pailec. De même, pour rendre un homme impuissant, madame Arlène emploie-t-elle une cordelette noire qu'elle noue neuf fois en récitant une fatale imprécation.

A l'opposé, allié aux puissances victorieuses de la vie qui renaît le jour venu, le blanc est usité par les désenvoûteurs dans leurs opérations de purification et de bénédiction. Ainsi, pour « nettoyer » sa cliente des « ondes négatives » qui l'imprégnaient, madame Languevelec plaça sa photographie entre quatre bougies blanches, au centre de son autel recouvert d'un tissu d'une blancheur immaculée.

Traduisant la force de la vie par sa relation avec le sang qui le véhicule, le rouge est relié à la sexualité. Mademoiselle Gaudeur emprisonnait donc le cliché de son ancien compagnon avec un ruban vermillon tandis qu'elle récitait l'oraison destinée à le faire revenir vers elle.

Si chaque couleur a une valeur propre, il en est de même des parfums

ENCENS « MAGIQUES »
1 - Encens pontifical.
2 - Myrrhe rose.
3 - Vatican.
4 - Rois Mages.
5 - Lavande.
6 - Carme.
7 - Benjoin.
Collection D. CAMUS.

qui les accompagnent fréquemment dans de nombreuses opérations.

Pour pratiquer un envoûtement d'amour, monsieur Jamelin place sur sa table de travail recouverte d'un tissu de satin vert (cette teinte est associée à Vénus, la planète propice aux affaires amoureuses) un brûle-parfum où se consume du thym et un vase contenant du jus de verveine (une plante vénusienne) dans lequel il immergera les substituts des personnes que le rituel doit unir. Dans ce cadre, l'emploi du thym, végétal placé sous les auspices de l'astre de l'amour, sert également à prémunir l'entreprise de toute influence pouvant contrarier son bon déroulement car, ordinairement, il est utilisé pour se protéger des maléfices.

L'encens est également très usité dans la sorcellerie, notamment lors des désenvoûtements car son inaltérabilité en fait un symbole de survie. De plus, comme sa fumée monte vers le ciel en accompagnant généralement l'élévation de mots salvateurs, il est admis qu'aucune « force négative » ou maléfique ne saurait résister à ses effluves.

Ensorcellement amoureux. Photographie nouée en croix par des fils rouges et verts (les premiers évoquent la passion et les seconds la planète Vénus qui préside aux destinées amoureuses) scellée d'une chape de cire.
Collection D. CAMUS.

Paquet d'envoûtement. Une photographie est empaquetée dans un morceau de papier où est inscrite une formule imprécatrice. La victime est liée aux désirs du jeteur de sorts, exprimés sur le papier, par des fils noirs noués en croix. Le tout est recouvert de bougie fondue.
Collection D. CAMUS.

Envoûtement d'amour. Cœur de volaille fiché de trois bougies noires et entouré d'un fil rouge (couleur de l'ardeur amoureuse).
Collection D. CAMUS.

Aubépine.
En référence à la couronne d'épines que porta le Christ, cet arbuste hérissé de pointes est considéré comme un excellent protecteur contre les sorciers.
Ph. L. GIRRE.

La pomme d'amour.
Collection D. CAMUS.

Les végétaux tiennent aussi une bonne place dans les rites sorciers. Les fameuses herbes de la Saint-Jean (le millepertuis, la grande marguerite, l'armoise, la joubarbe, le mille-feuille, le lierre terrestre et la sauge), qui sont soumises à un rituel de cueillette très strict, sont séchées, broyées pour confectionner philtres et panacées dont l'efficience provient autant de leurs propriétés médicinales que de leurs vertus occultes, largement octroyées par ce moment particulier de l'année. Selon madame Languevelec, la poudre de marguerite additionnée de jus de citron (pour « *faire passer le goût* ») est un excellent aphrodisiaque. Le romarin entre également dans la composition des bains dans lesquels elle se plongeait après avoir été au contact des

Billet d'envoûtement de la « pomme d'amour »

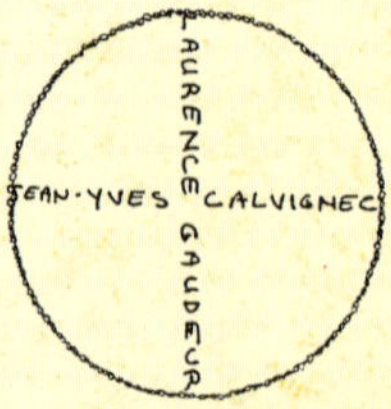

Autour de la croix formée par les noms des tourtereaux à unir – inscrits avec le sang du demandeur –, à l'aide de la cire d'une bougie rouge fixez une tresse confectionnée de sept cheveux et autant de poils pubiens. Pliez ensuite le papier en quatre et enfermez-le au cœur d'une moitié de pomme rouge préalablement évidée. Recomposez le fruit en le liant avec une cordelette rouge croisée horizontalement et verticalement.

Formule d'envoûtement de la « pomme d'amour »

« Comme le fruit se flétrit
l'amour se flane ;
Comme le fruit se dessèche
les forces s'en vont ;
Comme pourrit le fruit
meurt la chair.
Par la puissance des épingles
que s'écoulent le suc et la vie.
Par la puissance des épingles
que charogne tu deviennes.
Par ma force, je te blesse.
Par ma force, je te détruits.
Je le veux.
Je le fais.
Ainsi est et sera. »

Tableau de correspondance entre les planètes, les métaux, les couleurs et les parfums

Jour	Planète	Métal	Couleur	Parfum
Lundi	*Lune*	*Argent*	*Blanc*	*Iris*
Mardi	*Mars*	*Fer-acier*	*Rouge*	*Bruyère*
Mercredi	*Mercure*	*Platine ou alliage or-argent*	*Argenté*	*Genièvre*
Jeudi	*Jupiter*	*Etain*	*Bleu*	*Menthe*
Vendredi	*Vénus*	*Cuivre*	*Vert*	*Verveine*
Samedi	*Saturne*	*Plomb*	*Noir*	*Pavot*
Dimanche	*Soleil*	*Or*	*Jaune*	*Héliotrope*

« ondes négatives ». Pour protéger le sommeil des Hennec, monsieur Ménard leur imposa d'enfouir des feuilles d'églantier dans leur matelas. Le sureau est également employé à cette fin par madame Languevelec pour prémunir la quiétude nocturne d'Irène Lelavasseur. De même, pour la mettre hors d'atteinte des « radiations maléfiques » de son persécuteur, dispose-t-elle dans sa maison quantité de branchages d'aubépine blanche, un arbuste consacré – et donc exécré par les sorciers – en référence à la couronne d'épines que porta le Christ.

Même les fruits sont susceptibles d'un usage magique. Ainsi, l'envoûteur des Hennec est accusé d'avoir fait crever une de leurs vaches en lui donnant à manger une pomme. C'est en confectionnant une « pomme d'amour » que monsieur Jamelin entreprit de sceller les destinées de sa cliente et de l'élu de son cœur.

Les métaux et les minéraux ne sont pas non plus en reste, la métallothérapie étant d'ailleurs l'une des composantes de la « médecine populaire » depuis l'Antiquité.

Par exemple, le port au poignet droit d'un ou deux anneaux de cuivre est recommandé contre les migraines tenaces et l'or est supposé faire merveille contre les rhumatismes.

Parce qu'il sert à forger les boucliers, le fer est, par excellence, le métal qui protège des « forces négatives ». C'est donc avec ce matériau que monsieur Ménard se confectionna une petite fourche destinée à le prémunir des « radiations nocives » auxquelles il dit s'exposer lors de ses désenvoûtements.

L'argent, qui est associé au froid et à l'eau (symbole de pureté) par sa couleur, est couramment employé pour façonner des « épées magiques », instruments dont se servent madame Languevelec ou monsieur Ménard pour piquer et détruire les objets porteurs de maléfices.

Le plomb, du fait de sa « neutralité », est aussi utilisé pour réaliser des talismans destinés à sauvegarder la santé des humains.

Partout les « pierres de foudre » (morceaux de météorites) servent à garantir les maisons des incendies et leurs occupants du « mauvais œil ». Les haches et les flèches préhistoriques remplissent également ce rôle.

Citons enfin l'usage quasi universel du corail censé mettre à l'abri des « mauvaises influences » ceux qui, comme madame Languevelec, ont le réflexe d'en porter en pendentif.

Pointe de lance en silex. 11 cm.
Collection D. CAMUS.

Silex troués. Depuis des siècles, les pointes de flèches préhistoriques, les silex troués sont censés prémunir des sorciers et mettre les demeures à l'abri des incendies.
Ph. M. PAYGNARD.
Coll. Musée départemental Albert Demard, Champlitte (Haute-Saône).

La salamandre.
Réputé invulnérable aux flammes, cet animal occupe une place privilégiée dans le bestiaire diabolique.
Ph. A. MAUXION.

Les animaux sont aussi en bonne place dans les opérations magiques, notamment lorsqu'elles consistent à confectionner des poudres ou des philtres.

Dans le bestiaire sorcier le crapaud occupe une place privilégiée qui en fait l'incarnation même de la créature maléfique, à cause de sa vie nocturne et du venin qu'il sécrète, un alcaloïde capable de provoquer des dérèglements des appareils cardio-vasculaire et respiratoire.

Dans « l'affaire Hennec », monsieur Ménard fut plusieurs fois confronté à l'usage que le jeteur de sorts faisait de ce batracien. Par exemple, après que le bétail des paysans fut « pris » d'une subite crise de colique, il en découvrit plusieurs dans l'eau du puits qui l'abreuvait. De même, suite à une brutale débandade des bovins dans un pré, furent mis au jour des dizaines de crapauds percés de fines

Bouteilles d'eau de vipères.
Comme la plupart des reptiles, la vipère est présente dans de nombreux rituels magiques. L'eau-de-vie de vipère passe pour avoir des vertus curatives, notamment contre les coliques, la goutte, les fièvres...
Musée Alice Taverne, Ambierle (Loire).

baguettes de coudrier. Il en exhuma également un dans le plancher, sous le lit de l'infortuné couple.

Durant le désensorcellement des Le Litré, des salamandres – autre bête réputée diabolique en raison de sa supposée insensibilité aux flammes – furent trouvées sous la niche de leur chien qui venait de crever.

Monsieur Jamelin emploie également des animaux pour concocter maints brouets. Il donna, par exemple, à sa cliente une mixture comprenant des testicules de taureau et une verge de renard. Dans ce soi-disant aphrodisiaque, Maître Goupil remplace le loup initialement usité car où trouver un pénis de ce carnassier de nos jours ?

Il ne saurait non plus y avoir de rituels sorciers sans que ne soient présents les quatre éléments et les matériaux qui leur sont associés.

Ainsi, la terre est requise pour son pouvoir destructeur, notamment par les désenvoûteurs qui y enfouissent les objets porteurs de maléfices qu'ils découvrent chez leurs clients. Mais les jeteurs de sorts ne la dédaignent pas pour autant car ses vertus peuvent servir leurs projets. Madame Arlène y a ainsi enseveli un morceau de viande sur lequel était fichée, par une trentaine d'épingles, la photographie du mari de madame Leroy, un homme dont les forces devaient décliner à mesure du pourrissement de son substitut.

L'eau, de préférence bénite (pour réaliser cette opération les sorciers en puisent dans les bénitiers alentour et y mêlent de l'eau ordinaire qui se consacre par contagion), est l'ingrédient de base de tout désenvoûtement. Don du ciel, donc source de vie, de régénération, elle sert à annihiler « les ondes négatives » supposées imprégner lieux, animaux et humains.

Boîte à crapaud.
Animal réputé diabolique, le crapaud entre dans la composition de maintes poudres et mixtures d'envoûtement. D'où la nécessité pour les ensorceleurs d'avoir à disposition cet indispensable ingrédient.
Musée Alice Taverne, Ambierle (Loire).

Os et plumes.
« Charges » destinées à faire crever les poules. Les plumes, qui représentent les volailles, sont associées à la mort, qui est symbolisée par les os qu'elles recouvrent.
Collection D. CAMUS.

Envoûtement de haine.
Cœur percé de clous et hérissé de bougies enflammées.
Ph. D. CAMUS.

Puits couverts.
Côtes-d'Armor,
Ille-et-Vilaine.
Indispensable à la vie, l'eau, qui est utilisée pour ses vertus purificatrices dans le domaine du magique, doit être protégée de toutes influences néfastes, notamment de celles provenant de la Lune – astre qui préside aux envoûtements – dont les « rayons » sont susceptibles de la polluer.
Ph. D. CAMUS.

Les cochons de monsieur Lemoine en furent copieusement aspergés par monsieur Level. Monsieur Ménard procéda de même pour le bétail, les prés et les bâtiments des Hennec, mêlant au liquide du sel (qui devient de ce fait bénit), pour « *en renforcer l'effet* », comme cela est généralement l'usage. Par ailleurs, toute opération de désensorcellement se conclut par de copieuses ablutions d'eau sanctifiée pour décontaminer humains et matériels. Monsieur Hennec en arrosait constamment son tracteur lorsqu'il procéda au « nettoyage » du « champ aux crapauds » (ce qui n'était pas pour le rassurer car faire cela lui signifiait qu'il évoluait dans un environnement dangereux, où tout faux pas peut être fatal). De même, à chaque fois que madame Languevelec « s'occupait » de l'infortunée Irène Lelavasseur, la journée se concluait invariablement par une toilette à l'eau bénite, agrémentée de plantes lorsqu'il s'agissait de bains.

Symbolisant la vigueur de l'énergie vitale, le feu par sa violence dévastatrice est, par excellence, l'arme de la purification. Tout ce qui a été au contact des sortilèges, comme par exemple le mobilier de madame Lelavasseur, les crapauds et les salamandres découverts chez les Hennec et les Le Litré, est offert à son appétit vorace.

Etant issus de la puissance qui les a fait naître, à laquelle s'ajoutent les qualités magiques accordées à la fête de la Nativité du Christ ou de la Saint-Jean, les tisons de la bûche de Noël ou des feux célébrant le solstice d'été sont fréquemment employés pour prémunir les lieux de l'irruption « d'ondes négatives ».

Ainsi monsieur Ménard en jeta-t-il quelques morceaux pour purger le puits

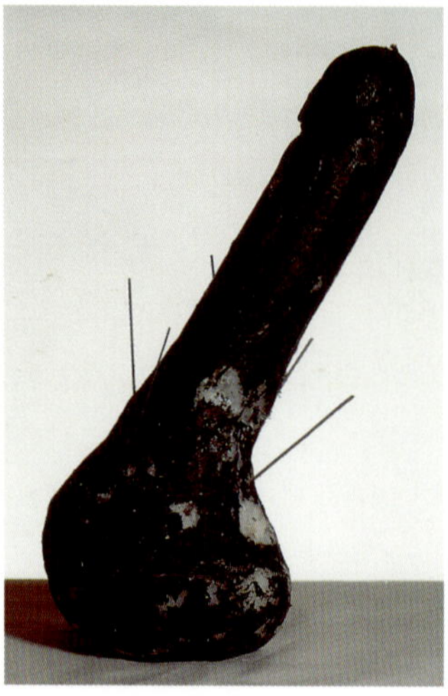

Phallus de malédiction.
Ce phallus, peint en noir pour signifier la teneur des intentions de l'officiant, est hérissé d'aiguilles destinées à tourmenter la victime. Fait en cire, l'objet sera allumé et à mesure qu'il fondra et que les pointes s'en détacheront, l'impuissance gagnera l'homme qu'il représente.
26 cm.
Collection D. CAMUS.

empoisonné des Hennec. De même, lorsque la demeure des Lelavasseur fut « assainie », madame Languevelec y dissémina de pleins sacs.

Enfin, l'air intervient également car il digère ce qu'a mangé le feu, et véhicule vers le ciel les commandements adressés par « la prière magique ». C'est pourquoi, ainsi lié au souffle qui propage le Verbe créateur, il est souvent associé aux cierges car ils matérialisent la matière et l'esprit

Poupée soumise à l'action destructrice du feu. Paille et clous, 26 cm.
Collection D. CAMUS.

au travers de la cire qui se liquéfie au contact de la flamme qui emmène les désirs de l'officiant vers les demeures célestes. Là encore, ceux qui sont bénits à l'occasion de grandes fêtes religieuses comme Noël ou la Chandeleur sont plus « puissants » que les autres. C'est pour cela que madame Languevelec et monsieur Ménard en apposent au pied du lit de leurs clients pour protéger leur sommeil.

Une des spécificités du rite magique est de soumettre ses participants à une gestuelle particulière qui repose sur une définition originale des valeurs spatiales et de leurs représentations symboliques.

Pour tout sorcier le geste a une valeur efficiente. Il précise sa volonté et sert à la projeter. D'emblée, en exprimant ainsi corporellement ses intentions, il se situe par rapport à ses adversaires. Dans un champ où

Sculpture protectrice surplombant l'entrée d'une habitation. Croix resplendissante, stylisée sous forme de triangles, à l'intérieur d'un cercle protecteur. La Gacilly, Morbihan.
Ph. D. CAMUS.

Pentacle de Salomon protégeant le seuil d'une maison. La Gacilly, Morbihan.
Ph. D. CAMUS.

sont censés s'affronter le Bien et le Mal au travers de deux protagonistes qui en sont l'incarnation pour l'esprit commun (le désenvoûteur et le jeteur de sorts) les désenvoûteurs opèrent toujours de la main droite car elle est associée au soleil qui se lève à l'est et donc au renouveau de la vie que figure sa course. Rien ne saurait donc résister à l'action régénératrice qu'entraîne l'usage de la dextre. Par opposition, la gauche a une valence négative car elle montre l'endroit où meurt l'astre solaire. C'est pourquoi lorsqu'il s'agit de s'en prendre à la santé de quelqu'un, les sorciers débutent leurs entreprises en se plaçant vers l'ouest, sous l'égide de l'astre d'argent.

A la révolution solaire et au combat que se livrent les « forces » qui l'accompagnent est associé le cercle. Sorte de matrice qui enferme ce qu'il circonscrit, il délimite le terrain où vont se confronter les « puissances » en présence. Lorsque messieurs Dréan et Ménard allèrent purifier les fermes des Le Litré et des Hennec, ils les isolèrent au préalable dans une vaste circonférence d'eau et de sel bénits, effectuée dans le sens des aiguilles d'une montre. Avant de détruire chaque objet porteur de maléfice découvert chez les Lelavasseur, madame Languevelec prenait grand soin de les encercler pour que le Mal ne s'étende pas.

Par contre, lorsque madame Arlène et monsieur Jamelin « travaillent » leurs victimes, par exemple à partir de leur photographie, ils opèrent à rebours de la course de la planète d'or, en commençant le tracé du cercle, qui concentrera vers elles leurs influences, par la gauche. Un dessin parfois réalisé avec la senestre, la main maléfique dans cette opposition gauche/droite. De même, c'est avec elle que le jeteur de sorts ouvre et ferme d'un signe de croix inversé l'imprécation qu'il récite à l'encontre de sa cliente rivale.

Dessin du pommeau protecteur d'une épée magique

Les initiales du possesseur de l'instrument sont gravées au centre de la croix encerclée qui se trouve dans un triangle où l'Alpha et l'Oméga sont inscrits à sa base. La dimension protectrice de cette figure est exprimée par la combinaison du complexe défensif et agressif constitué par le cercle, le triangle et le signe de la conjuration qui orne son sommet.
Parfois, les sorciers utilisent une « épée magique » lorsqu'ils sont à la recherche d'objets maléfiques. Comme tous les instruments qu'ils utilisent, celui-ci fait l'objet de soins particuliers destinés à protéger son utilisateur

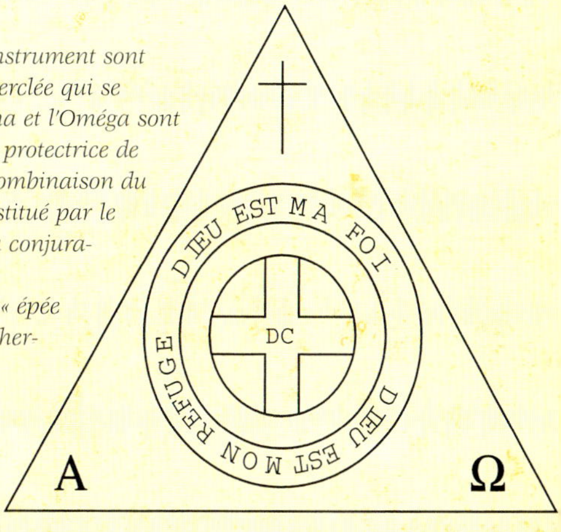

Protection de l'entrée d'une maison. Dans une pierre triangulaire, placée au-dessus de la porte de la demeure, sont gravées les abréviations du nom du Christ, rehaussées d'une croix. En dessous est inscrit le nom du bâtisseur : « feite par Pierre Chevreul ». La Gacilly, Morbihan.
Ph. D. CAMUS.

En effet, il est rare qu'un rituel sorcier ne soit pas ponctué par quelques vigoureux signes de croix. Objet de rassemblement, parce que reliant des « forces » constamment en lutte où s'opposent le passif et l'actif (la gauche et la droite), la matière et l'esprit (le bas et le haut), la croix catalyse les puissances qu'elle capte dans l'espace aux quatre points cardinaux et les projette sur ce qui lui fait face. C'est la raison pour laquelle elle est le symbole même de la conjuration lorsqu'elle est faite « normalement », lorsqu'elle exprime le primat de l'esprit sur la matière : la délivrance de l'homme sur ce qui peut l'assujettir. Quand elle est effectuée à l'envers elle traduit la domination du Mal sur le Bien. L'arme défensive au service de l'individu est retournée pour l'agresser.

Tout comme les barres de la croix « blessent » les « influences négatives » qui s'y heurtent, les pointes du triangle font de même. Il est donc fréquemment présent dans les cérémonies sorcières.

La codification occulte des composants des rites sorciers n'épargne pas non plus l'écriture. Parole par contiguïté parce qu'elle pérennise le mot en le traçant, elle acquiert du même coup sa puissance évocatrice. Elle est, de ce fait, très utilisée pour faire voyager et agir « la force magique » en un endroit particulier, sans qu'il soit nécessaire que l'officiant y soit présent. C'est sur cette base que sont usitées les prières protectrices à porter sur soi que madame Languevelec ou monsieur Ménard donnent à leurs clients.

Dans la mesure où elles expriment un contenu ne devant être dévoilé qu'aux seuls initiés, elles sont souvent calligraphiées de manière à être incompréhensibles pour le néophyte. Les sorciers se servent, pour ce faire, d'un « alphabet magique » dont les clefs échappent aux curieux.

Comme on le voit, le mystère domine la sorcellerie. C'est l'une de ses données fondamentales. Garant du « pouvoir magique », il en permet le

Cœur et arêtes de poissons protégeant une fenêtre. La Gacilly, Morbihan.
Ph. D. CAMUS.

recours. En se situant d'emblée sur le terrain de l'anormal, il autorise l'emploi des procédures les plus bizarres sans qu'elles ne soient entachées de suspicions, bien au contraire. Plus les cérémonies sorcières sont insolites et manient des références liées au prohibé ou à l'horrible, par exemple le sang, les excréments, les sécrétions sexuelles (dont nous verrons l'usage au chapitre 6), plus elles semblent gagner en crédibilité. Nous sommes dans un univers où le secret et la peur qui l'accompagne renforcent la confiance des gens dans les effets qu'ils escomptent de la mise en œuvre de ces singulières opérations.

Clefs de l'alphabet magique

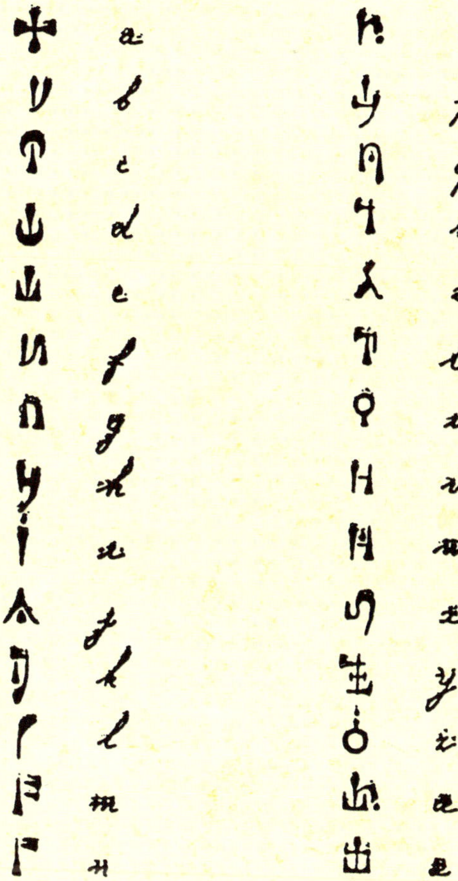

Prière talismanique de protection

Initialement écrite selon l'alphabet magique, cette prière est destinée à écarter le malheur et accorder le pardon (En latin Venia *signifie le pardon et* maltheurs, *les malheurs).*

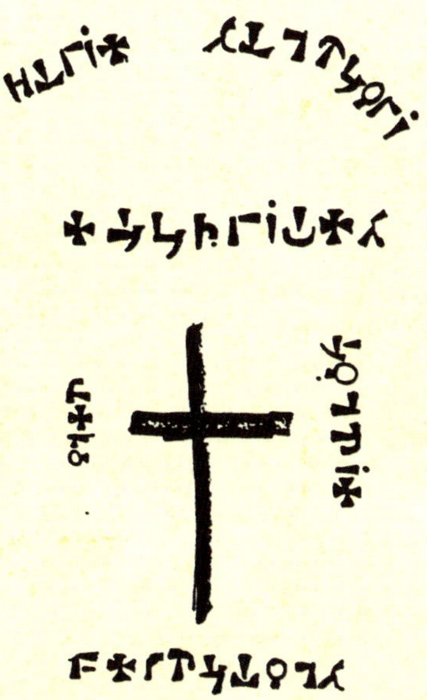

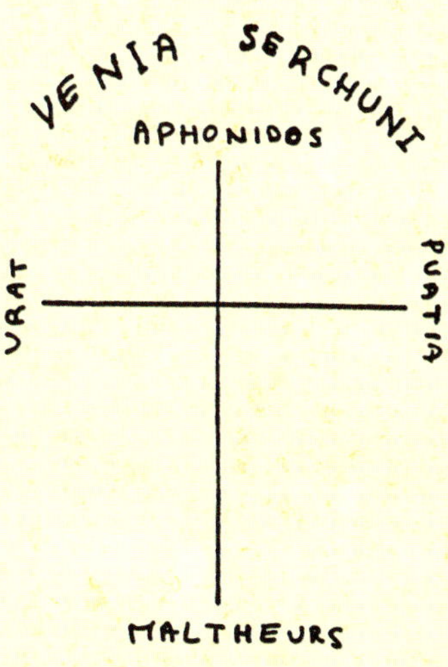

Poupée masculine à clous. Papier, 28 cm.
Collection D. CAMUS.

La séparation entre le profane et le sacré

Tout comme l'univers de l'occulte se différencie de celui des activités ordinaires, la mise en œuvre des procédures sorcières marque une nette différence entre le monde du profane et celui du sacré.

L'exécution des rituels impose souvent le port de vêtements spécifiques. Par exemple, madame Languevelec revêt fréquemment une toge blanche pour mener ses entreprises. De même, lorsque monsieur Jamelin travaille dans son « occultum », il s'habille d'une robe de coton dont la teinte s'accorde avec sa « couleur astrale », un vêtement dont le parfum est lié à celui de sa planète.

Fréquemment les matériaux employés, surtout lorsqu'ils servent à confectionner des armes défensives comme les talismans, doivent être vierges – donc achetés pour la circonstance – et utilisés une seule fois.

Afin que des « forces contraires » ne perturbent pas leurs opérations, les sorciers consacrent tout ce qui concourt à leur réalisation. Madame Languevelec prenait ainsi grand soin de se parer d'habits préalablement bénits. Il en était de même pour les bains dans lesquels elle se plongeait régulièrement. L'encens, le sel et l'eau bénite dont elle usait abondamment étaient également exorcisés par la récitation de « prières » *ad hoc*, tout comme l'étaient aussi les instruments dont se servait monsieur Jamelin pour confectionner les protecteurs qu'il donnait à sa cliente.

Enfin, la captation des « forces magiques » est parfois soumise à l'obligation d'effectuer un sacrifice : pour communiquer avec Lucifer, monsieur Conté égorge une souris blanche avec un couteau neuf et, pour achever la

Prière de bénédiction des vêtements

« Notre secours est dans le Nom du Seigneur
qui a fait le ciel et la terre ✟.
En son Nom, je vous exorcise ✟, Créatures
des vêtements ✟, par Celui qui vous a préparé
pour la beauté et l'ornement du genre humain ✟,
par Celui qui revêt les oiseaux du ciel Les bêtes
de la terre et les poissons des mers ✟, par Celui
qui par Moïse fit des habits Saints pour la gloire
et l'ornement d'Aaron ✟, par Celui qui revêtit le
temple de Salomon des bois de l'olivier et du cèdre,
d'or précieux, de peintures et des richesses
qui chantent votre gloire et votre magnificence.
✟ Soyez des vêtements Purs et Bénis ✟, exempts
de toute tâche et de toute souillure de Satan.
Que vous ne puissiez pas garder ses influences,
mais que vous soyez des vêtements Bénis ✟
et Sanctifiés ✟ par Celui qui se soumit à la
mort pour racheter le genre humain et qui est
maintenant revêtu de la gloire et de l'immortalité
et qui vit et règne dans tous les siècles des siècles.
✟ Ainsi soit-il. ✟ »

consécration d'un pentagramme de David, monsieur Jamelin immole un coq noir dont il récupère le sang pour y plonger la médaille.

Sachant que dans l'univers sorcier toute création passe souvent par une destruction, les clients sont parfois sollicités pour entériner cette transformation qui a vu un transfert de forces s'effectuer à leur avantage. Par exemple, pour débarrasser madame Hennec d'une furonculose envahissante, monsieur Ménard la reporta sur l'une de ses poules, une volaille qui creva dans les heures qui suivirent et dont le trépas fut imputé par le couple et l'officiant au rite préalablement effectué.

Comme le dit madame Arlène qui résume parfaitement l'idée que les sorciers se font du fonctionnement de leurs œuvres « *lorsque l'on pratique la sorcellerie, pour chaque action, il y en a une contraire, mais égale qui va se dérouler* ». D'où la nécessité de contrôler strictement ce processus et, en premier lieu, de se protéger de tout « dérapage » éventuel, un aspect des choses que nous allons examiner maintenant.

Poupée à clous lacérée. Argile, 24 cm.
Collection D. CAMUS.

Cordes de plumes, 70 cm. Couronne de plumes, 56 cm de circonférence.
Collection D. CAMUS.

Ces objets sont destinés à provoquer des insomnies et anxiétés nocturnes. Ils ont été trouvés dans la literie de victimes de maléfices.

La protection magique

LES RITES D'ÉVITEMENT

Le respect d'un coutumier protecteur

Dans un univers où rôde constamment le danger, il n'en coûte rien de suivre certains préceptes « traditionnels » qui ont fait leurs preuves et qui sont susceptibles de prémunir les humains des visées des jeteurs de sorts.

Les envoûteurs pouvant opérer à partir d'objets appartenant à leurs victimes, il est prudent de ne pas laisser traîner ses affaires (par exemple son linge) et de détruire ses déchets corporels (cheveux, rognures d'ongles...).

La « sagesse populaire » – relayée par les propos des prêtres exorcistes – conseille de faire baptiser les enfants le plus tôt possible car ce sacrement est également un rite qui soustrait le

Chouette enclouée sur une porte de grange – Auvergne.
Collection H. BERTON – SEREST.

nouveau-né aux influences du Malin et de ses sbires, les sorciers.

Faire pousser une aubépine blanche le long de sa demeure ou orner les endroits qui permettent d'y accéder (les seuils des portes et fenêtres, les cheminées) par des pierres ou des croix blanches, c'est également faire preuve de sagesse. Mettre un trépied ou des pinces à feu à l'envers dans l'âtre de la cheminée, c'est hérisser ce lieu de passage d'autant de points susceptibles de blesser le « Mauvais » s'il a des velléités de franchir ces défenses.

Signer le pain avant de le couper n'est pas non plus un acte stupide car chacun sait que les sorciers se servent des aliments pour nuire à leurs ennemis.

Comme le dit monsieur Ménard, « *beaucoup de gens s'éviteraient bien des problèmes* » s'ils suivaient certaines prescriptions coutumières qui « *ne mangent pas d'pain* ».

Ne pas donner prise : les rites de reniement

Parfois, au détour d'un chemin apparaît un corbeau empalé à l'entrée d'un champ ou une chouette clouée sur une porte de grange. La martyrisation de ces animaux que la « mentalité populaire » associe au bestiaire diabolique est destinée à signifier aux éventuels jeteurs de sorts que le maître des lieux entend bien leur résister s'il leur prenait l'envie de lui nuire. Malgré tout, rares sont ceux qu'une telle menace effarouche.

Les sorciers pouvant propager leurs maléfices par le toucher (notamment par la main qui permet les transferts d'énergies), le regard (les yeux, fenêtres de l'âme, projettent les sentiments envieux ou haineux sur les choses qui excitent le « mauvais œil ») ou la parole, le meilleur moyen de se prémunir de leurs agissements est tout simplement de les éviter. Mais lorsque cela n'est pas possible, certains gestes protecteurs peuvent être effectués, comme faire les cornes (former avec la main gauche une fourche en pointant l'index et l'auriculaire) ou la figue (fermer le poing de la senestre en faisant saillir le pouce). Le remède que monsieur Ménard recommanda aux Hennec, sans toutefois y accorder une grande efficacité (« *c'est surtout pour se donner une contenance* »), est lié aux principes symboliques des pointes, armes défensives par excellence.

Quand la situation l'autorise, c'est-à-dire lorsque les humains ne sont pas eux-mêmes porteurs « d'ondes négatives », l'éloignement est la solution idéale. Mais il ne peut qu'être de courte durée car un déménagement définitif consacrerait la victoire du jeteur de sorts.

Maison à Vierge.
Comme en témoignent les nombreuses statuettes de la mère du Christ qui ornent les façades de maisons ou d'immeubles, la sainte femme est appelée à la rescousse pour prémunir les demeures du mauvais sort. Boigervilly, Ille-et-Vilaine.
Ph. D. CAMUS.

Ci-contre :
Croix faite de culs de bouteilles protégeant une maison des maléfices. La Gacilly, Morbihan.
Ph. D. CAMUS.

Pierre protectrice de cheminée. Les symboles religieux gravés sur la hotte de cette cheminée (le calice et la patène) sont censés mettre la maison à l'abri des maléfices. La Gacilly, Morbihan.
Ph. D. CAMUS.

LE RESPECT DE PRESCRIPTIONS PRÉ- ET POST-OPÉRATOIRES

Les prescriptions pré-opératoires

Si tout un chacun peut ainsi espérer s'abriter des effets « négatifs » de l'utilisation de la « force magique », les sorciers sont, par contre, tenus de s'en prémunir constamment. Le maniement du « pouvoir sorcier », qui coupe l'officiant du normal, impose des pratiques préparatoires.

Avant d'opérer, les « Hommes du Don » doivent se mettre en condition. L'ascèse, qui est alors de mise, se double souvent de procédures destinées à développer la concentration. Pour « rassembler leur puissance vitale », monsieur Jamelin et madame Languevelec font des exercices de type yogique principalement fondés sur la modulation de la respiration et le posisme (la relaxation par le choix de postures).

L'ingurgitation de filtres ou l'usage d'onguents peut également intervenir pour stimuler leur « potentiel énergétique ». Lorsqu'elle a « *un coup de collier à donner* », madame Languevelec avale une infusion de fleurs de genévrier mélangées à de l'angélique. De même, lorsqu'elle procéda à la longue entreprise de « nettoyage » de la maison des Lelavasseur, elle s'oignit d'une pommade composée d'huile d'olive dans laquelle avaient macéré du poivre noir, de la noix de muscade et du pavot.

N'étant pas à l'abri du « choc en retour » les sorciers doivent, bien sûr, respecter les principes qui leur permettent d'œuvrer sans danger.

Fenêtre à tête coupée. Saint-Juvat, Côtes-d'Armor. La tradition des têtes coupées, censées protéger les habitations du mauvais sort, est d'origine celtique. Les figures sont positionnées au sud-ouest, direction que prenaient les barques funéraires chez les Celtes.
Ph. D. CAMUS.

Les purifications régulières de madame Le Men, par la prise de bains additionnés d'une décoction de lierre, de thym et de romarin consacrée par une prière adéquate, répondent à cette nécessité. Il en est de même du port de vêtements spécifiques préalablement bénits, dont l'usage a été évoqué au chapitre précédent.

La figue. La main qui fait les cornes ou la figue éloigne le « mauvais œil ». Dans le sud de la France et en Corse de tels objets sont fréquemment portés en pendentifs ou ornent les porte-clefs.
Collection D. CAMUS.

Maison à croix. Les Fougeréts, Morbihan.
Ph. C. AURAY.

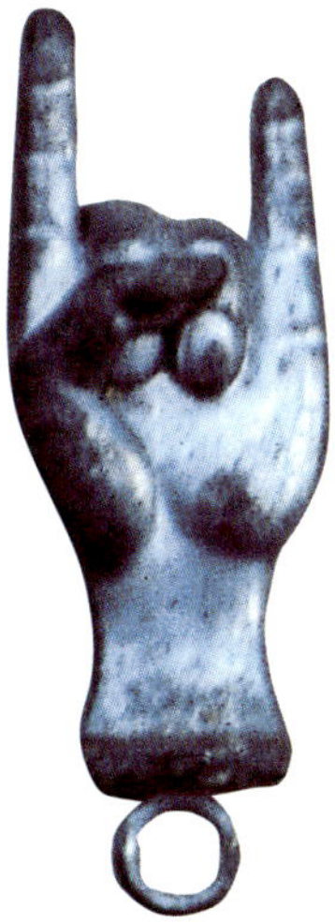

Main de conjuration.
Collection
H. BERTON - SEREST.

Outre la préparation adéquate de matériaux qu'il doit utiliser, l'officiant doit également ériger un complexe défensif au sein duquel il va agir. A ce sujet, nous avons vu l'importance que revêt l'élaboration d'un « occultum » où nul ne doit pénétrer sans le consentement de son propriétaire et sans suivre les règles qui permettent d'y accéder sans dommage. Mais l'établissement de ce camp retranché ne s'arrête généralement pas à cette seule phase.

Tête conjuratoire.
Figure sculptée dans l'âtre d'une cheminée.
La Gacilly, Morbihan.
Ph. D. CAMUS.

Maison à croix.
Casson, Loire-Atlantique.
Ph. C. AURAY.

Souvent les sorciers prennent soin de tracer sur le sol des « cercles protecteurs » dans lesquels ils s'enferment pour mener leurs entreprises. Monsieur Jamelin y avait dessiné un pentacle de Salomon. Monsieur Conté avait fait de même mais lorsqu'il invoquait des « forces de l'au-delà » sentant quelque peu la diablerie, tout comme madame Arlène, il prenait un surcroît de précautions en s'isolant dans une circonférence spécifique que ne pouvait franchir « l'entité » convoquée.

« *Vous savez, ce sont des forces très puissantes. C'est très dangereux de les faire intervenir. Il ne faut pas croire que c'est une sinécure de les commander. Si on leur lâche la bride, c'est foutu. Il faut sans cesse être sur ses gardes. Elles ne demandent qu'une chose : vous prendre.* »

Evocation du mardi

Entre 9 et 10 heures, le sorcier prononce :

« *Je te conjure, Nambroth, et te commande par tous les noms par lesquels tu peux être contraint et lié, je t'exorcise, Nambroth, par ton nom, par la vertu de tous les esprits, par tous les caractères, par le grand pentacle de Salomon, par les conjurations célestes, par ta confusion et ta malédiction et je redoublerai tes peines et tes tourments de jour en jour à jamais, si tu ne viens pas maintenant accomplir ma volonté et être soumis à tout ce que je commanderai, sans pouvoir me nuire tant au corps qu'à l'âme.* »

A la fin de cette récitation, il doit poser au centre du cercle une pierre qu'il aura ramassée le matin et dire : « *Voilà pour toi, Nambroth.* »

Au regard des précautions que prennent les sorciers, le commerce avec ces invisibles personnages ne semble pas être de tout repos.

Lorsque les sorciers opèrent chez leurs clients, ils prennent un soin extrême à se prémunir des « radiations négatives » qui selon eux peuvent s'y trouver. Ainsi, madame Languevelec arpentait la maison de sa cliente revêtue d'une toge et de gants de caout-

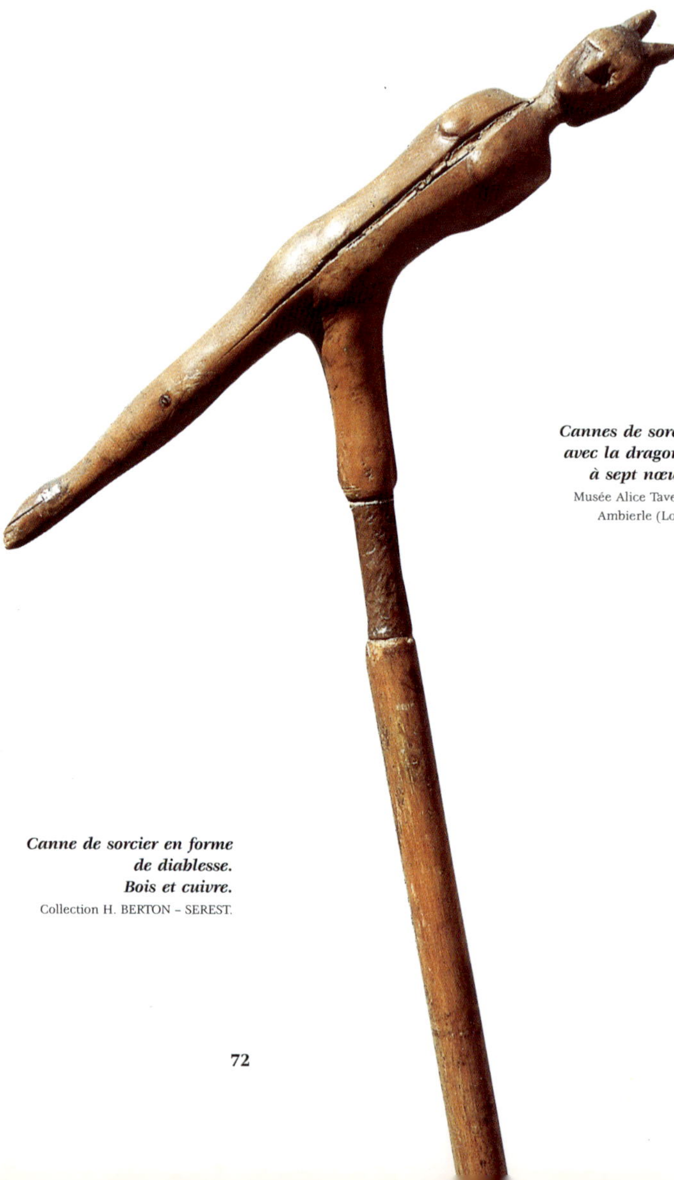

Canne de sorcier en forme de diablesse. Bois et cuivre.
Collection H. BERTON - SEREST.

Cannes de sorcier avec la dragonne à sept nœuds.
Musée Alice Taverne, Ambierle (Loire).

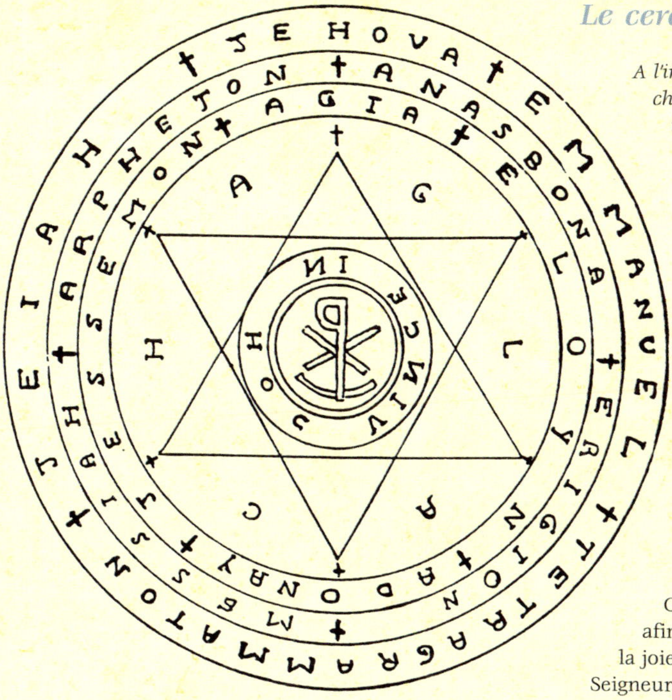

Le cercle de puissance

A l'intérieur d'un cercle de Salomon se trouve le pentacle christique figurant le symbole d'espérance qu'est l'ancre de marine entrelacée dans les lettres grecques X et P désignant le Christ. Dans le cercle entourant ce sceau est inscrite la formule latine « par ce signe tu vaincras ». Ce qui montre que l'on peut tout aussi bien invoquer le Diable et se placer sous la protection du fils de son adversaire.

Prière de protection avant d'entreprendre un voyage

« ✞ Que le Seigneur Tout-Puissant et miséricordieux nous dirige et nous accorde un voyage de paix et de bonheur. Que l'Archange Raphaël nous accompagne dans notre route afin que nous revenions dans nos maisons avec le salut et la joie.

Seigneur ayez pitié de nous, Christ ayez pitié de nous et protégez vos serviteurs qui espèrent en vous. ✞ »

chouc ayant séjourné dans de l'eau consacrée. Lorsqu'elle « travaille » une dagyde, madame Arlène enfile également une paire de gants protecteurs afin de ne pas y laisser sa « longueur d'ondes » car « *autrement, ça serait dangereux. On pourrait remonter jusqu'à moi et agir contre moi si la poupée venait à être découverte* ».

C'est également pour éviter le « contact maléfique » que messieurs Ménard et Dréan se servent d'un « bâton magique » pour manipuler les objets censés être porteurs de sortilèges qu'ils découvrent çà et là. Particulièrement soucieux de s'assurer des vieux jours sereins, ce dernier porte même des chaussures de protection à semelles et bouts en fer, qu'il asperge quasiment quotidiennement d'eau bénite.

Enfin, la puissance du Verbe est aussi sollicitée par les sorciers pour se mettre à l'abri de leurs congénères.

Outre qu'ils s'adressent dans les formes à leurs « amis de l'au-delà » pour ne pas provoquer leur courroux, souvent leurs entreprises débutent par la récitation de « prières de garde ». Lorsque madame Languevelec se déplace, elle n'omet pas de prononcer une oraison destinée à la sauvegarder durant son voyage. Avant d'agir, elle déclame des formules pour se soustraire aux influences « des ennemis invisibles » qu'elle va affronter.

Prière de remerciement des forces

« ✞ Seigneur, nous te louons de tous nos cœurs dans la congrégation des justes. Magnifiques sont les œuvres de Dieu. Elles sont l'expression de ses volontés. Sa magnificence et sa justice subsisteront à jamais. Le Seigneur a laissé sa miséricorde en souvenir de ses miracles. Il se souvient toujours de son testament. Il a montré au peuple sa puissance en lui donnant l'héritage des nations. Les opérations de ses mains sont vérité et justice. Tous ses commandements sont établis pour toujours, établis sur la vérité et l'équité. Il a assuré la rédemption de son peuple. Son testament est établi pour l'éternité. Son nom est saint et terrible. Seuls les intelligents observent la loi. Que sa louange subsiste à jamais.✞ »

Vierge protectrice enchâssée dans un pied de croix. Région de Bécherel, Ille-et-Vilaine. Ph. D. CAMUS.

Le château de Montségur. Ce haut lieu de la tragédie cathare est censé receler d'étranges énergies susceptibles d'accroître le « pouvoir magique » des personnes capables de les capter.
Ph. R. NOURRY.

Les prescriptions post-opératoires

Dans la mesure où les sorciers pensent avoir été au contact d'« ondes négatives », il leur est donc impératif de s'en débarrasser pour ne pas être, à leur tour, aussi vulnérables que leurs clients. Les ablutions et les bains d'eau bénite ou d'herbes de la Saint-Jean sont donc de rigueur. Lorsque le liquide consacré fait défaut, après s'être « lavé » les mains à l'eau courante l'opérateur les sèche en les exposant à la chaleur purificatrice d'un cierge bénit ou de l'encens. Mais d'autres procédés peuvent être utilisés. Monsieur Jamelin les plonge dans de la limaille de plomb. Les vêtements ne sont pas épargnés et sont aussi immergés dans l'eau décontaminante. Une entreprise que madame Languevelec conclut par le prononcé d'une prière adéquate. Et comme cette femme n'est jamais trop prudente, lorsqu'elle le juge indispensable, elle n'hésite pas à immoler ses habits.

Souvent, les rites magiques se concluent par la récitation de formules destinées à remercier les « forces » pour leur concours. « *C'est pas parce qu'on est puissant qu'on ne fait pas allégeance. C'est normal de faire ça. Et puis on n'a pas le choix. C'est la règle* », déclare madame Arlène.

Naguère les bergers sorciers de Barbey d'Aurevilly se réunissaient dans le corps de garde de cette ancienne vigie romaine qui culmine sur le mont de Douille, dans le Cotentin.
Ph. C. PASQUIER.

Enfin, soucieux de leur santé, les sorciers font souvent retraite pour « récupérer des forces ». Ainsi vont-ils dans certains lieux dits de « pouvoirs » pour y capter les radiations « cosmiques » ou « telluriques » qu'ils sont censés dégager.

En Bretagne, la forêt de Brocéliande, notamment les alentours de la fontaine de Barenton et du Val-Sans-Retour sont régulièrement fréquentés par des personnes, qui, à l'instar de monsieur Jamelin, étreignent quelques chênes pour « *refaire le plein d'énergie cosmique. Vous savez c'est pas pour rien que dans l'ancienne religion* (allusion au celtisme) *c'était un arbre sacré* ».

Les alignements mégalithiques, surtout ceux de Carnac et de Saint-Just (le premier est, paraît-il, situé « *sur une faille tellurique très puissante* »), voient périodiquement la venue de singuliers visiteurs. Des personnes qui, une petite demi-heure durant, tiennent fermement contre elles la pierre rugueuse ou s'y adossent jusqu'à sentir « *l'énergie qui monte le long de la colonne vertébrale* ».

Du fait de sa réputation, la fontaine de Barenton est l'objet de nombreuses visites sorcières, comme en témoigne ce petit radeau de branches portant une feuille de papier recouverte de cire et où est inscrite une « formule magique ». Ph. D. CAMUS.

La fontaine de Barenton, en Brocéliande, Ille-et-Vilaine. Lieu magique par excellence – c'est là que Merlin l'enchanteur rencontra la fée Viviane –, cette fontaine passe pour déclencher des phénomènes paranormaux (notamment la pluie si l'on répand de l'eau sur son perron). Ph. Y. BOËLLE.

Mais les bienfaisantes radiations « cosmo-telluriques » ne se captent pas seulement sur les arbres et les pierres. D'autres endroits où l'histoire a laissé une profonde empreinte – qui sont donc très fortement investis par notre imaginaire – jouent ce rôle. C'est par exemple le cas des châteaux dits cathares de Montségur ou de Puylaurens car, du fait des tragédies qui s'y sont déroulées, y rôdent des « égrégores » très puissants (« l'égrégore » est la force produite par la concentration d'un groupe d'hommes qui prient ensemble). Selon les « sorciers », elle peut être source de phénomènes « paranormaux ». D'où l'intérêt, pour eux, de la détourner à leur profit.

Pierres protectrices. Ce collier est constitué d'affûtoirs en schiste de l'âge du bronze. Auvergne.
Collection H. BERTON- SERST.

LES BOUCLIERS MAGIQUES

Les amulettes

Afin de se prémunir de leurs adversaires et de mettre leurs clients hors de portée de leurs intentions malignes, les sorciers font grand usage d'objets censés renfermer « une force magique » susceptible d'être un antidote à la malchance ou aux maléfices : les amulettes. Elles sont de nature diverse et les facultés qui leur sont accordées sont liées à leurs composants, étant entendu que plus ils sont rares, précieux et leur agencement complexe, plus elles ont de valeur, de « pouvoir ».

Pierre de protection. La croix marquant la pierre lui confère ses vertus occultes.
Collection Palmyra Lobo.

Les pierres constituent le premier type de protection habituellement usitée. Porté en pendentif ou enfoui au fond des poches, l'ambre, le jade, l'obsidienne, l'améthyste ou le corail préserve du « mauvais œil ». Le sel, qui empêche les corruptions, comme le rappelle son usage de conservateur des aliments, est une arme fort prisée pour s'abriter des « ondes négatives ». Naissant de l'évaporation de l'eau, cette sorte de « feu cosmique » a la faculté de les dissoudre après les avoir absorbées. D'où son usage intensif par les désenvoûteurs qui, comme madame Languevelec et monsieur Ménard, en apposent d'abondantes poignées aux seuils des demeures de leurs clients ou sur les chemins y conduisant.

« *Avec ça, il est pas près de passer le bonhomme* », déclare monsieur Ménard car « *ce petit feu de Dieu* », comme le nomme madame Languevelec, est censé brûler les pieds de tout jeteur de sorts qui marcherait dessus.

Le règne végétal est aussi représenté dans les amulettes, lesquelles sont souvent de l'ordre du savoir populaire. Outre le traditionnel trèfle à quatre feuilles, deux feuilles de noyer collées en croix sont également une « *petite protection qui ne coûte pas cher* », comme le dit Marie Languevelec. Il en est de même des branches de gui ou des rameaux de bois ou de laurier – généralement bénits le dimanche de la Passion, appelé dimanche des Rameaux – accrochés au-dessus des lits (ces plantes sont associées à l'immortalité car elles demeurent vertes). Selon monsieur Jamelin, une simple croix faite de deux brindilles de coudrier (arbuste aux vertus paranormales car servant à confectionner les baguettes des sourciers) enduites de la cire d'un cierge de la Chandeleur (donc bénit) est

Collier de perles. Pierres du néolithique en provenance d'Auvergne.
Collection H. BERTON-SEREST.

également « *un excellent capteur d'ondes négatives. Mettez ça dans votre chambre et vous pourrez dormir tranquille* ». Associé au feu qui l'a fait naître et d'où il tire sa puissance par effet de contamination, le charbon de bois attire à lui les « radiations nocives ». C'est pourquoi les sorciers l'exploitent abondamment pour protéger les demeures de leurs clients. Par exemple, monsieur Dréan en met des petits morceaux dans une assiette d'eau bénite qu'il place sous la literie des Le Litré, le liquide purificateur se chargeant d'annuler définitivement les effets des « fluides errants ». Monsieur Jamelin et madame Languevelec se servent aussi de ce complexe défensif, mais le renforcent en plantant des petites épingles dans chaque fraction du végétal. Selon eux, c'est plus efficace ainsi car « *elles agissent comme des paratonnerres* ». Par ailleurs, suivant le principe qui veut que « *qui s'y frotte, s'y pique* », par mimétisme, l'adversaire en éprouverait les effets s'il lui prenait l'envie de tourmenter ses victimes.

Bijoux garantissant du « mauvais œil ».
1 - Œil de tigre.
2 - Pentacle de Salomon en cristal de roche.
3 - Jaspe rouge.
4 - Croix en cristal de roche.
5 - Turquoise.
6 - Dent de corail.
Collection D. CAMUS.

En haut à gauche :
Charbons de bois de la Saint-Jean baignant dans de l'eau bénite. Les trois épingles qui hérissent chacun des morceaux sont censées capter les ondes néfastes se trouvant dans la pièce où est apposé ce complexe défensif.
Ph. D. CAMUS.

Capteurs d'« énergies négatives ». Charbons de bois de la Saint-Jean et épingles. Purificateur de « fluides errants ».
Collection D. CAMUS.

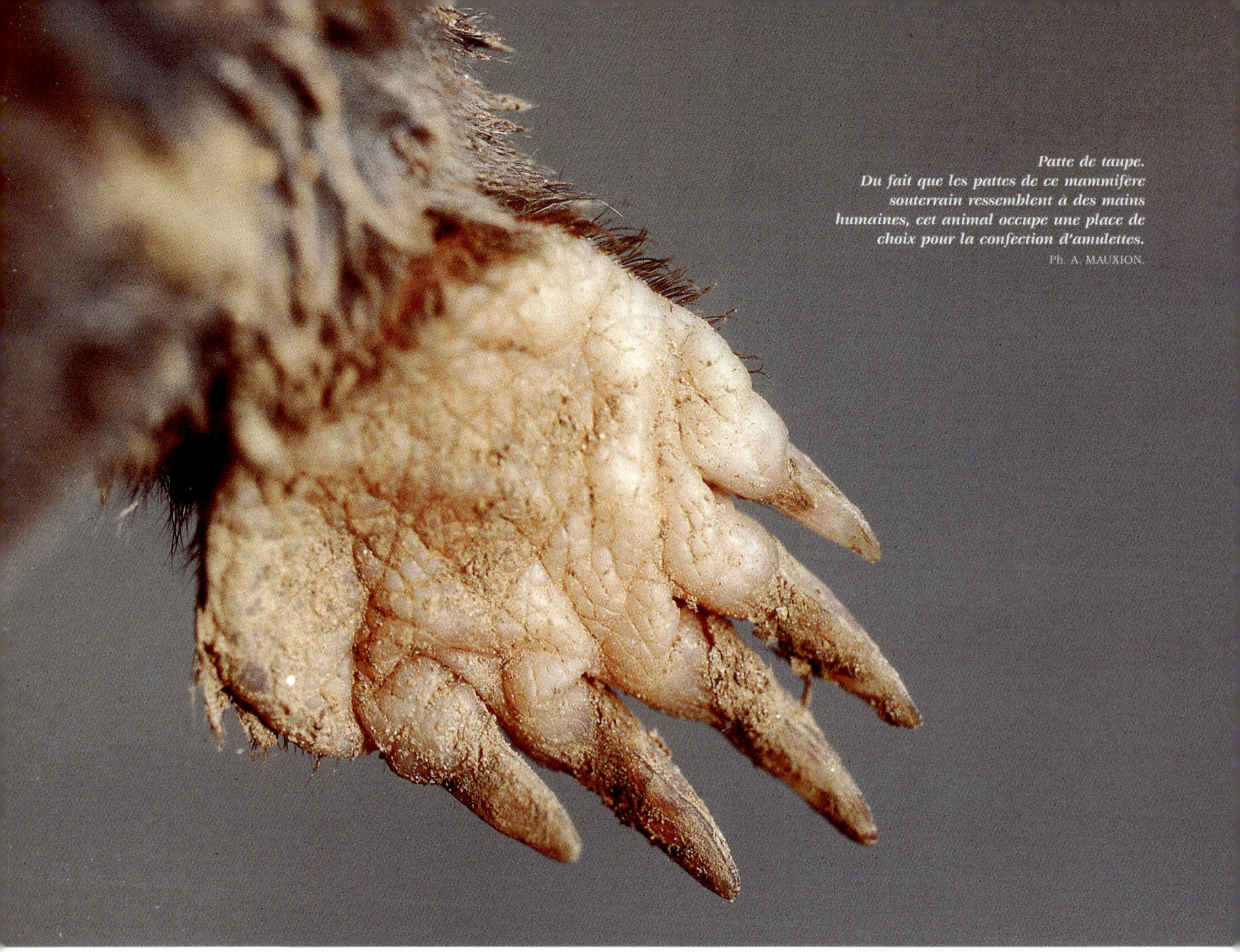

Patte de taupe.
Du fait que les pattes de ce mammifère souterrain ressemblent à des mains humaines, cet animal occupe une place de choix pour la confection d'amulettes.
Ph. A. MAUXION.

Peau de serpent.
Personnifiant à la fois le mal et la renaissance de la vie, du fait de sa mue, le serpent est emblématique de la dualité de l'univers du magique.
D'où l'utilisation fréquente de sa peau en amulette.
Peau de couleuvre, 1,20 m.
Collection D. CAMUS.

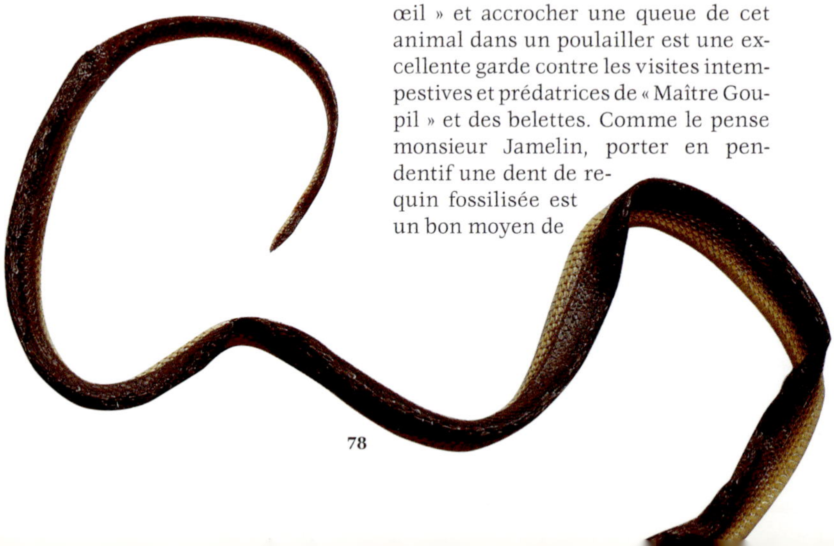

Les jeteurs de sorts étant censés « pomper l'énergie » de ceux qu'ils persécutent, l'ail dans la poche ou en tresse dans une habitation est également un classique pour s'opposer à ce transfert de « flux vital ».

Les animaux n'échappent pas non plus à cette singulière utilisation. Selon monsieur Ménard, un collier de dents d'ours ou de renard est une garantie efficace contre « le mauvais œil » et accrocher une queue de cet animal dans un poulailler est une excellente garde contre les visites intempestives et prédatrices de « Maître Goupil » et des belettes. Comme le pense monsieur Jamelin, porter en pendentif une dent de requin fossilisée est un bon moyen de se mettre à l'abri des « ondes négatives ». Un collier d'os de taupe donne aussi ce résultat.

Ces amulettes tirent leur valeur d'un système de correspondance fondé sur des liens de sympathie ou d'antinomie entre leurs éléments et les périls qu'elles sont censées éloigner des humains. Dans cette optique, le semblable évoque le semblable mais peut aussi produire l'effet contraire. Tout est donc affaire d'intention. C'est ainsi que dans les premiers cas, les dents d'un animal rejeté pour sa force – comme l'ours – sont censées conférer cette vertu à celui qui en possède ; dans le second cas, c'est parce qu'on estime que mettre en évidence des attributs de l'ennemi entraînera sa non-venue que l'on accroche une queue de renard dans un poulailler. Mais il est d'autres protecteurs dont les vertus proviennent d'une symbolique d'ordre religieux. Outre les traditionnels cierges de la Chandeleur ou de la Nativité et les tisons des bûches de Noël et des feux de la Saint-Jean – dont nous avons vu l'emploi –, les médailles sont d'un usage courant. Les plus répandues sont celles de saint Christophe (le saint patron des voyageurs), de saint Benoît (le créateur de l'ordre monastique des Bénédictins), de la Vierge et de Lourdes. La Main de Fatima – pourtant d'origine islamique – orne également de nombreux cous féminins, tout comme la « manofica ».

Collier de dents de renard.
Doté d'une puissance vitale exceptionnelle du fait qu'il vit au contact des forces génératrices de la terre – dans un terrier –, le renard passe pour posséder de puissants pouvoirs magiques. Outre qu'un collier des dents de cet animal est supposé garantir son possesseur de la peur, il facilite – paraît-il – la poussée des dents des enfants.
Collection D. CAMUS.

La main de Fatima.
La main de la fille du prophète Mahomet est une amulette très populaire dans le monde arabe et plus largement dans le bassin méditerranéen.
Collection D. CAMUS.

Dans ce qu'il est convenu d'appeler la « culture populaire », le magique et le religieux se côtoient constamment. D'où notamment l'usage de médailles de saints personnages pour se mettre à l'abri de la malchance ou du mauvais sort.

En haut : ***Médaille protectrice des voyageurs.***
Collection D. CAMUS.
Au centre et en bas : ***Médaille de saint Benoît.***
Collection D. CAMUS.

BIJOUX PROTECTEURS

1 - Croix de Ankh, encore appelée croix de vie car ce symbole magique d'origine égyptienne représente le principe de la vie physique et mentale dans le monde terrestre et dans celui de l'au-delà.
2 - Œil d'Horus. Amulette d'origine égyptienne symbolisant la plénitude.
3 - Croix du Sud ou croix d'Agadès. D'origine arabe, cette amulette – probablement la plus portée dans le monde – est un protecteur dit « universel ».
4 - Croix occitane.
5 - Main de Fatima.
6 - Pentacle de Salomon.
7 - Bijou de la Sainte Trinité.
Collection D. CAMUS.

1

2

6

7

3

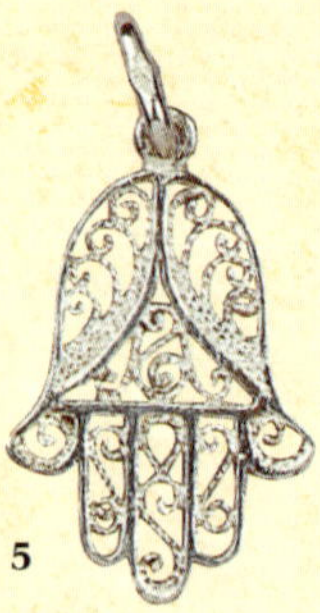

5

4

MÉDAILLES PROTECTRICES

1 - Médaille de la protection de la famille et de la maison.
2 - Médaille de protection contre les tempêtes.
3 - Saint ange gardien soyez mon guide.
4 - Médaille de la nouvelle apparition de Notre-Dame de Lourdes.
5 - Médaille de Notre-Dame du Puy.
Collection H. BERTON – SEREST.

1

2

3

4

5

Médaille de saint Christophe. Pour s'assurer d'un voyage sans encombre.
Collection D. CAMUS.

Médaille de la Vierge Miraculeuse.
Collection D. CAMUS.

À gauche : *médaille de saint Georges.* À droite : *médaille de saint Michel. Du fait de leurs légendaires exploits – le premier a vaincu le dragon et le second a expulsé les anges rebelles du Paradis –, les effigies de ces deux saints personnages sont supposées prémunir des œuvres sorcières leurs détenteurs.*
Collection D. CAMUS.

Médaille de sainte Rita. Proctectrice des enfants et de la famille.
Collection D. CAMUS.

Compte tenu de la place particulière de l'écriture dans le domaine du magique – en éternisant la parole elle acquiert une valeur quasi matérielle par le tracé qui fixe la force invoquée –, de nombreuses amulettes prennent la forme d'une feuille de papier sur laquelle est inscrite une formule conjuratoire. Là encore, ces « prières » à porter sur soi (généralement dans un sachet de tissu ou de cuir, comme en ont monsieur Conté ou mesdames Languevelec et Le Men) font la part belle à la liturgie catholique. Au premier rang de celles-ci se trouve le proto-évangile de saint Jean dont l'usage, à cette fin, est signalé dès la Renaissance par les théologiens. La « prière à Marie » et celle dédiée à « la Sainte Vierge » – respectivement utilisées par mesdames Le Men et Languevelec – sont également abondamment employées, tout comme « l'oraison à la sainte Croix ».

Prière à Marie

« Sainte Mère de Dieu, j'ai recours à vous :
Je vous supplie de ne pas me rabattre.
Tous les chrétiens ne vous nomment-ils pas la Mère de la Miséricorde ?
Vous êtes si aimée de Dieu qu'il accède toujours à vos demandes.
Votre Bonté n'a jamais fait défaut à personne.
Vous avez toujours reçu avec une incomparable affabilité
Tout pécheur quels que soient ses crimes.
Vous êtes l'avocate des misérables et la distributrice de la miséricorde,
L'unique espérance et le refuge des malheureux.
Puisque vous avez enfanté le Bonheur de l'Univers,
la Source de la Miséricorde, vous ne refuserez pas votre assistance
à la malheureuse qui vous appelle au secours.
Votre Compassion doit vous engager à me secourir
afin que je puisse prendre force pour rétablir la paix entre les hommes
Ainsi soit-il. ✞ »

Nonobstant la « puissance » intrinsèque du Verbe, l'efficience des amulettes écrites est souvent liée aux rites complémentaires qu'effectue à cette occasion la personne qui les confectionne.

Ainsi, madame Languevelec ne se contente pas de porter sur elle ou de distribuer à ses clients un simple bout de papier. A la prière de protection contre les ennemis « visibles et invisibles », elle avait adjoint un petit morceau d'angélique, quelques grains de sel bénit, une croix consacrée achetée à Lourdes et un petit aimant pour réguler son « flux énergétique ». Le tout était enveloppé dans un bout de soie dont la couleur et le parfum correspondaient à son signe zodiacal.

Une fois cet étrange assemblage constitué, elle l'avait alors consacré en récitant une prière adéquate.

De même, le petit sachet de velours rouge qu'elle donna à madame Lelavasseur contenait-il une médaille de saint Benoît enroulée dans « sa » prière, un morceau de cierge bénit à l'Ascension et une pincée de sel sanctifié.

Le pouvoir de l'écriture

*Grand classique de l'amulette écrite est la fameuse formule de l'**ABRACADABRA** qui vient de l'hébreu « abreq ad hâdra » («envoie ta foudre jusqu'à la mort »).*
Ecrite sur un tissu vierge et portée au cou, cette formule est créditée du don de guérir la fièvre.

A B R A C A D A B R A
A B R A C A D A B R
A B R A C A D A B
A B R A C A D A
A B R A C A D
A B R A C A
A B R A
A B R
A B
A

*La formule du **SATOR AREPO**, qui fut employée durant tout le Moyen Age, a encore des adeptes de nos jours.*

R O T A S
O P E R A
T E N E T
A R E P O
S A T O R

Bien que sa signification littérale n'ait aucun sens, notons qu'elle est réversible, pouvant se lire dans les deux sens

R O T A S O P E R A T E N E T A R E P O S A T O R
S A T O R A R E P O T E N E T O P E R A R O T A S

Dans la mesure où seul le N n'intervient qu'une seule fois et est la lettre centrale autour de laquelle les autres s'ordonnent deux à deux, on peut par artifice pictural y voir la croix christique, l'arme par excellence de la conjuration.

R	O	T	A	S
O	P	E	R	A
T	E	N	E	T
A	R	E	P	O
S	A	T	O	R

Page de gauche :
Sachet d'accouchement. Ce texte, écrit en français et en latin, comporte des « prières guérisseuses » et une vie de sainte Marguerite, l'une des saintes les plus populaires d'Europe. Enfoui dans un sachet de tissus, son port est supposé préluder au bon déroulement des accouchements et préserver de la mort la parturiente.
Paris, musée des A.T.P.

À gauche :
Sachet protecteur. ***A l'intérieur de l'enveloppe se trouve un parchemin sur lequel sont dessinés des pentacles et écrites, à l'encre rouge, des prières.***
Collection H. BERTON - SEREST.

Scapulaire. ***Son port à même la peau garantit de tous périls.***
Collection H. BERTON - SEREST.

À droite :
Sachet protecteur contre la maladie du « décroît » et collier de racine de « popa » pour prévenir de la jaunisse.
Musée départemental Albert Demard, Champlitte (Haute-Saône).

Le liquide employé pour donner vie à la parole muette est parfois de nature à lui conférer un surcroît de « force ». Par exemple, la formule protectrice utilisant « l'alphabet magique » que monsieur Ménard avait concoctée pour les Hennec était tracée sur un tissu blanc – donc pur – à l'aide du sang soutiré à sept colombes blanches.

Dans ce complexe symbolique, outre le nombre des animaux qui participent à son efficacité, nous pouvons relever que le sang, représentation de la vie qu'il s'agit de préserver, est celui du volatile emblématique

Philtre protecteur

Boire l'eau de Lourdes – sous la protection de la Sainte Vierge – où a trempé pendant trois jours la prière suivante :

« ✞ Prions le Seigneur Saint, le Père Tout-Puissant,
Le Dieu Eternel et Notre Seigneur Jésus-Christ,
son Fils qui a daigné guérir nos blessures.
Nous vous prions, par votre clémence, de daigner
nettoyer ✞, purifier ✞ et bénir ✞ cette eau et
que vous daigniez nous visiter chaque fois que nous en boirons
afin que buvant de cette eau nous soyons délivrés
de tous maléfices et de toute invasion du démon
et que nous y puisions la grâce céleste.
Par la vertu de l'Esprit Saint qui règne dans tous les
siècles des siècles, faites qu'aucune infection du venin
du serpent ne soit dans les créatures de Dieu
qui ont bu cette eau et qu'il n'y ait en elles
ni mort, ni stérilité.
Au nom du Père ✞, du Fils ✞ et du Saint-Esprit ✞,
Ainsi soit-il ✞ »

de la paix, de l'espoir, du bonheur à retrouver.

Enfin, les sorciers peuvent confectionner des amulettes destinées à être ingurgitées, les filtres fonctionnent alors comme un médicament. C'est ce que firent madame Languevelec pour Irène Lelavasseur et monsieur Jamelin pour Laurence Gaudeur.

Les talismans

A la différence de l'amulette qui est supposée garantir son utilisateur des « mauvaises influences », le talisman n'est pas seulement un protecteur. C'est un objet de « pouvoir ». En effet, la talismanie se veut être un trait d'union entre l'être humain et l'univers car elle repose sur l'idée que dans le monde tout se meut selon des lois précises qui unissent par des liens de solidarité chacune de ses parties, de la plus petite (microcosme) à la plus grande (macrocosme). Chaque chose étant alors soumise à l'influence des autres suivant des rapports d'opposition ou de similitude, l'homme peut capter ces influx en prenant possession de ses infimes composants. Le talisman, qui est une représentation graphique de cet absolu et des forces qui le régissent et s'y affrontent, le rend concret par l'objet, donc manipulable.

Du fait de sa fonction, qui est de capter des « forces universelles » pour les mettre au service de son possesseur afin qu'il atteigne les buts qu'il s'est fixés, cet instrument est personnel et ne peut être utilisé par personne d'autre. C'est d'ailleurs pour cela qu'y figurent fréquemment les initiales de son bénéficiaire et des éléments planétaires qui lui correspondent, comme les couleurs, les parfums, les métaux, etc.

De ce fait, la réalisation d'un tel objet est très complexe car, outre l'inclusion de données astrologiques concernant son utilisateur, il doit être fabriqué en fonction des influx astraux qu'il doit saisir, lesquels donnent également lieu à des codifications très élaborées.

Bijou protecteur.
Soleil en cristal de roche. A la fois transparent et matériel le cristal représente le visible et l'invisible. De ce fait il est le symbole de la divination et des pouvoirs magiques accordés à l'homme. D'où son emploi fréquent comme amulette ou comme support de la voyance (cf. la boule de cristal, les pendules en cristal...).
Collection D. CAMUS.

Talisman de Mercure

RECTO

Au centre d'un hexagramme, figure un bienheureux Mercure ailé aux pieds et à la tête qui brandit un caducée symbolisant l'équilibre des forces cosmiques, donc dans ce cas la fécondité et la prospérité. Dans ce cercle protecteur sont inscrits les noms que la kabbale attribue aux anges du mercredi.

VERSO

Au verso est gravé le « carré magique » de la planète qui contient huit colonnes représentant le chiffre huit. Il est composé de soixante-quatre nombres répartis en huit lignes sur chaque côté et sur ses diagonales.
Chacune des cases contient une transcription chiffrée d'une lettre de l'alphabet hébraïque, laquelle figure une « énergie » particulière. Additionnées verticalement, horizontalement, en diagonale, les huit colonnes donnent toujours un total de deux cent soixante, sceau occulte de Mercure. Assemblés, tous ces nombres aboutissent à la somme de deux mille quatre-vingts.
Dans le cercle enchâssant cette représentation se trouvent le nom de l'ange du jour (Raphaël) et son sceau.

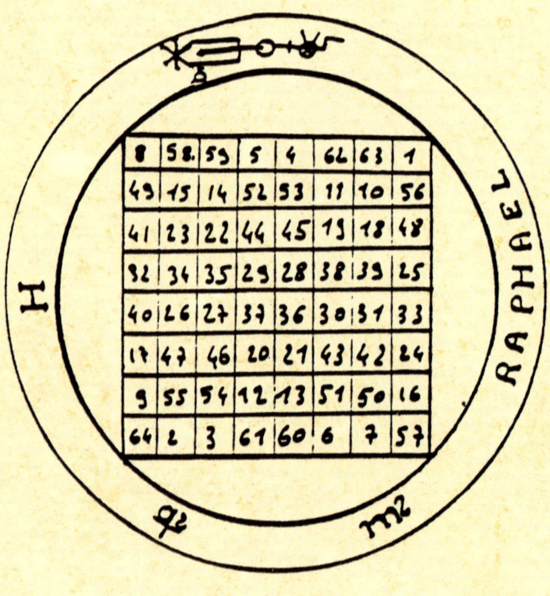

Par exemple, pour attirer les radiations de Vénus, il faut opérer le vendredi à 1 heure, 8 heures, 15 heures et 22 heures. La table de travail de l'officiant (qui doit être à jeun) doit être recouverte d'un linge vert, la médaille doit être gravée sur du cuivre rouge puis plongée dans le sang d'un animal associé à cet astre – une colombe. C'est également dans un bol contenant de la verveine qu'elle doit ensuite être immergée. Comme le dit monsieur Jamelin, qui réalisa un talisman d'amour pour mademoiselle Gaudeur, « *faire un talisman, c'est comme passer un pacte avec les énergies qui l'habitent* ». C'est pourquoi la valeur d'un tel outil dépend à la fois de la rectitude de son élaboration et de l'investissement de l'opérateur.

C'est bien parce que les sorciers pensent qu'il leur est possible de s'emparer de la force des « puissances cosmiques » qui interfèrent sur toutes choses pour en modifier le cours qu'ils agissent de cette façon. Pour mettre fin au déclin du restaurant de monsieur Poulard, monsieur Maugeard entreprit ainsi d'assujettir les influx de Mercure sur une petite rondelle d'aluminium de quelques centimètres de diamètre. Peu de temps après que le commerçant en eut pris possession, la clientèle commença à affluer dans son établissement et la prospérité se dessina. Naturellement, il attribua sa bonne fortune au savoir-faire de monsieur Maugeard, puisqu'il avait été recruté en fonction de compétences notoirement reconnues en la matière.

Talisman de désenvoûtement.
Collection D. CAMUS.

Comme le magique repose sur l'idée que toute action, et donc tout composant, est réversible, ce genre d'objet est donc aussi investi d'une dimension agressive que ne saurait négliger de prendre en compte toute personne ayant des velléités de s'opposer à ceux qui possèdent de telles armes. C'est d'ailleurs bien parce que ce type de « bouclier magique » est susceptible d'occasionner un « choc en retour » à celui qui s'y heurte que les sorciers s'en confectionnent pour eux-mêmes ou pour leurs consultants.

Comme il estimait mademoiselle Pailec menacée, le 10 janvier (jour favorable aux entreprises magiques), monsieur Conté lui élabora une série de « petits pentacles » qu'elle devait enfouir à la date propice du 27 janvier aux quatre coins de sa maison, devant sa porte d'entrée et dans son oreiller. Monsieur Jamelin mit mademoiselle Gaudeur à l'abri des éventuelles retombées négatives de son action en lui fournissant une « étoile de David ».

Mais de telles manœuvres ne sont pas toujours suffisantes et il arrive que l'affaire « tourne mal » pour les clients des « Hommes du Don » et notamment ceux des jeteurs de sorts. Dans ce cas une « sorcellerie triangulaire » doit être entreprise.

LA SORCELLERIE TRIANGULAIRE

Considérant que la sorcellerie est un domaine où « *les retours de flammes peuvent être imprévisibles* », pour se protéger madame Arlène met en œuvre – en sus des moyens précédemment évoqués – ce que les occultistes nomment « la sorcellerie triangulaire ». Fondé sur la notion de transfert, le procédé consiste à détourner l'effet boomerang de l'opération magique qui manquerait sa cible sur une victime subsidiaire préalablement désignée. Selon ce principe, qui s'apparente à celui du bouc émissaire, pour mener à bien sans trop de risques l'envoûtement du mari de sa cliente, elle choisit comme substitut d'elle-même le chien et le chat d'une voisine qu'elle détestait, leur ayant subtilisé à chacun une touffe de poils. Monsieur Ménard procéda pareillement lorsqu'il fut appelé à attaquer le persécuteur des Hennec pour que cesse l'incroyable série de malheurs qui s'abattaient sur eux. Pour cela, c'est sur l'une de leurs vaches qu'il jeta son dévolu, une « *vieille carne* » qui en réchappa.

Enfin, monsieur Conté se sert de cette méthode pour « *faire d'une pierre deux coups* ». Il emploie tout bonnement la photographie d'une personne sur laquelle il a « *un travail en cours. Comme ça, en cas de pépin moi je suis couvert et l'autre* – le désenvoûteur qu'il affronte – *il fait le boulot pour moi* ».

Malgré les propos assurés de ce dernier interlocuteur, gardons-nous de penser que les tours que les « Hommes du Don » jouent à leurs opposants sont faciles à réaliser. C'est même tout le contraire, comme nous allons maintenant le voir.

Pentacle de Mars. Protège la santé et procure l'énergie et la puissance permettant de vaincre ses adversaires.
Collection D. CAMUS.

Pentacle de Saturne. Il développe les facultés intellectuelles et met son possesseur à l'abri des maléfices.
Collection D. CAMUS.

Pentacle de Vénus. Favorise les entreprises amoureuses.
Collection D. CAMUS.

L'Agnus Dei. Cire d'abeille. L'agneau est supposé être fabriqué à partir de la cire du cierge pascal béni par le pape. Puy-de-Dôme.
Collection H. BERTON - SEREST.

Le combat magique

L'ENVOÛTEMENT

Pour jeter les sorts qui répondront à la demande de son client, l'envoûteur peut s'y prendre de différentes manières qui dépendent, tout d'abord, de l'étendue de ses connaissances et, ensuite, de ses possibilités à approcher sa victime – à la campagne son champ d'action est plus large qu'en ville car les bâtiments, les animaux domestiques, le bétail, les champs, les multiples chemins de passage sont autant de points où fixer les maléfices. De ce fait, les procédés d'envoûtement se répartissent en deux grandes catégories, suivant qu'un contact direct peut ou non être créé entre le sorcier et la personne sur laquelle il doit agir.

La pelote maléfique.
Bourre à matelas et épingles.
27 cm de circonférence.
Collection D. CAMUS.

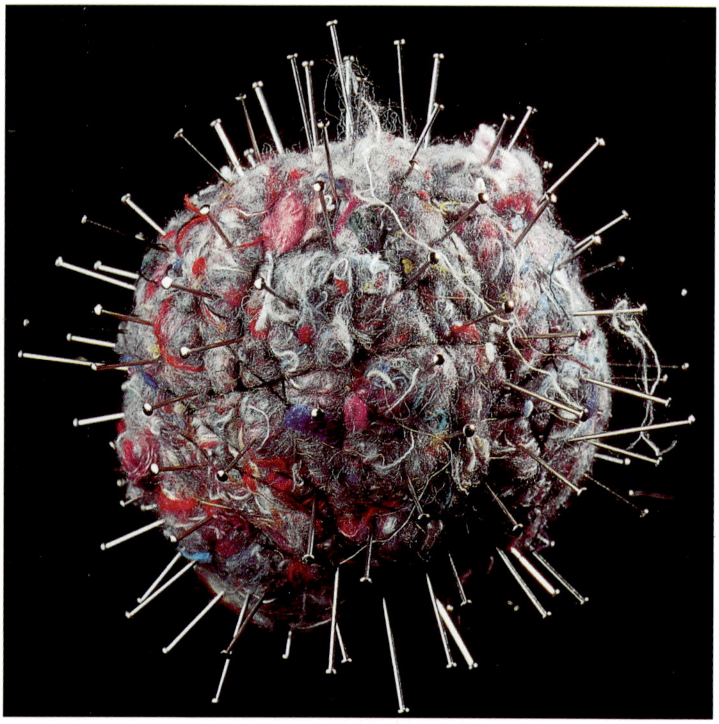

Le contact maléfique

Support du geste qui exprime la volonté de l'individu, la main est, par excellence, l'arme qui permet la propagation rapide et certaine des sortilèges. C'est ainsi que par deux fois monsieur Méheult fut accusé de rendre malade son voisin, qui fut affligé de fulgurantes « poussées de fièvre ». Mais cette façon de faire a l'inconvénient de dévoiler l'identité du jeteur de sorts et donc de le rendre vulnérable en cas de contre-attaque. C'est pourquoi ce personnage, qui préfère agir dans l'ombre – en toute sécurité –, utilise plutôt des objets pour établir le contact avec celui qu'il persécute.

Ces ustensiles, appelés « charges », car imprégnés des « influences négatives » à transmettre, sont de nature diverse et confectionnés en fonction du résultat escompté. Selon monsieur Ménard, pour occasionner à madame Hennec l'incroyable crise d'eczéma qui lui paralysa quasiment le bras, l'envoûteur avait dissimulé une petite branche fourchue enduite d'une substance brunâtre dans la trouée d'une haie où elle circulait quotidien-

nement. Un bref contact avec l'objet « empoisonné » suffit pour piéger l'infortunée paysanne. De même, c'est soi-disant parce qu'il a touché des cailloux maléficiés que monsieur Le Litré a eu la main puis le bras paralysés. C'est également la découverte d'un cœur percé de clous – caché sous le seuil de la porte de leur demeure – qui permit à monsieur Dréan d'expliquer la quasi-impotence de la fermière.

Si les lieux de passage sont des endroits privilégiés pour déposer ce genre de choses, partant du principe que le sortilège sera d'autant plus puissant que le contact entre son support et la personne visée sera fréquent et prolongé, les sorciers font souvent le choix de les cacher dans les chambres à coucher. Monsieur Ménard trouva un crapaud décomposé dans le plancher, sous le lit des Hennec. De même, ce sont des salamandres – animaux également réputés diaboliques – qui furent exhumées sous la niche du chien – subitement crevé – des Le Litré. Madame Lelavasseur eut également à subir cette façon de faire car madame Languevelec mit au jour dans son matelas et ses oreillers des croix de plumes et des pelotes de bourre liées par des fils noirs parsemés de petits nœuds, un procédé que la désenvoûteuse juge « *radical pour faire étouffer quelqu'un* ».

Nœud de plumes. Procédé destiné à étouffer le dormeur. 44 cm.
Collection D. CAMUS.

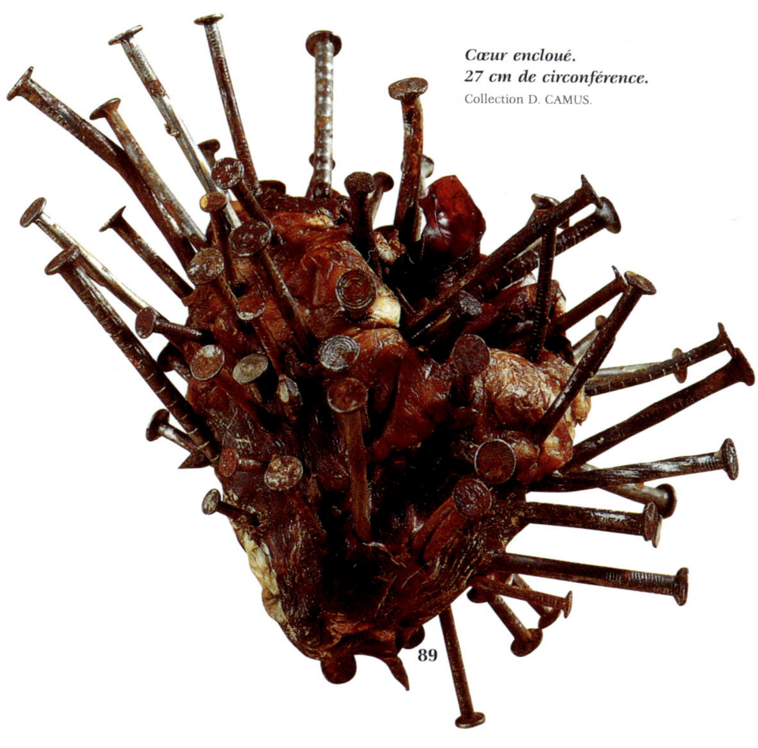

Cœur encloué. 27 cm de circonférence.
Collection D. CAMUS.

L'envoûtement par l'œuf.
Ph. D. CAMUS.

Pour déclencher la folle cavalcade des vaches des Hennec, qui se solda par des pattes cassées et l'abattage de plusieurs d'entre elles, le désenvoûteur estima que leur persécuteur avait opéré en enterrant dans leur pâture des dizaines de crapauds transpercés de deux fines baguettes de coudrier.

Les récoltes peuvent aussi être soi-disant mises à mal par l'emploi des « charges », le procédé classique en la matière étant celui de l'œuf. Comme l'explique monsieur Dréan qui y fut confronté chez les Le Litré, pour faire crever les végétaux, « *il suffit d'écraser un œuf que t'as roulé dans la rosée d'un roncier* (arbuste né des œuvres diaboliques selon la « croyance populaire »). *Là c'est recta : au fur et à mesure qu'il va se dessécher, ça fera de même pour les plantes dans un rayon de quelques mètres* ». Cette façon de faire est d'autant plus pernicieuse que les animaux peuvent s'empoisonner s'ils les lèchent.

Dans ce registre, citons aussi les fameuses « beurrées », sortes de champignons moisis de la forme d'une feuille de chou, qui sont accusées de faire « tarir » le lait des vaches qui les ingurgitent, comme purent le constater, à leurs dépens, les Le Litré.

Si les « charges » peuvent être effectuées à l'aide de minéraux, de végétaux, d'animaux ou être façonnées pour la circonstance, elles peuvent aussi se révéler sous un jour très anodin et être alors d'autant plus redoutables. Ce fut, par exemple, le cas de madame Lelavasseur qui souffrit du fait de son chat, un brave compagnon

Ph. D. CAMUS.

Ph. D. CAMUS.

procédé couramment employé. Immerger ces bestioles dans l'eau d'un puits est également un moyen fort prisé pour le contaminer, comme les Hennec ont pu s'en rendre compte. De même, pour que les vaches soient atteintes de violentes coliques, les jeteurs de sorts recommandent de mêler à l'eau de leur abreuvoir une pâte obtenue par le broyage au mixer d'une poule noire bouillie vivante dans du vinaigre avec une poignée de clous.

Répandre de la terre de cimetière (consacrée par la mort) dans un champ est un moyen utilisé pour espérer le rendre improductif par effet de contagion. C'est selon ce principe que, pour se débarrasser d'un gêneur, les envoûteurs concoctent des philtres à base de poudre d'os de cadavres d'animaux.

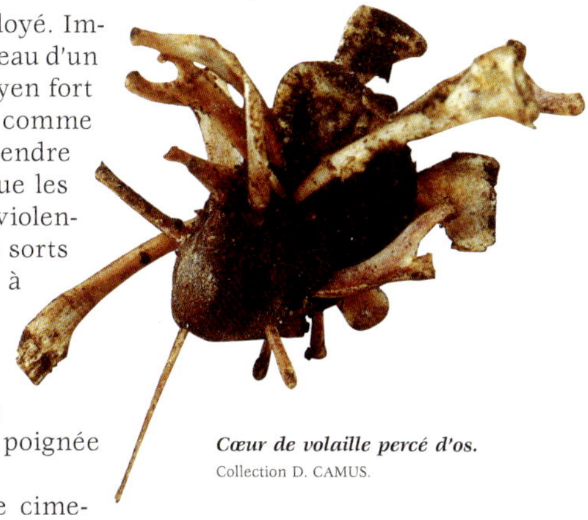

Cœur de volaille percé d'os.
Collection D. CAMUS.

Os maléfique.
Collection D. CAMUS.

transformé en porteur de maléfices, selon la désenvoûteuse.

Offrir un bijou, notamment une bague, un collier ou des boucles d'oreilles, préalablement irradiés « d'ondes négatives », est également un moyen considéré comme susceptible d'influencer ou de mettre à mal quelqu'un.

Comme l'histoire nous le rappelle, notamment avec la fameuse affaire des poisons dans laquelle Louis XIV fut l'un des protagonistes, discourir à propos des sorciers équivaut souvent à parler d'empoisonneurs. De fait, cet amalgame n'est pas sans raison car les chroniques judiciaires nous informent que, pour mener à bien leurs entreprises, ces personnes usent fréquemment de poudres et de philtres. Des mixtures qui sont loin d'être ragoûtantes car généralement composées d'éléments corporels d'animaux ou d'humains.

Pour empoisonner l'herbe d'une pâture afin de faire crever le bétail, disséminer de la poudre de crapaud (réalisée de préférence avec des batraciens capturés à la Saint-Jean), est un

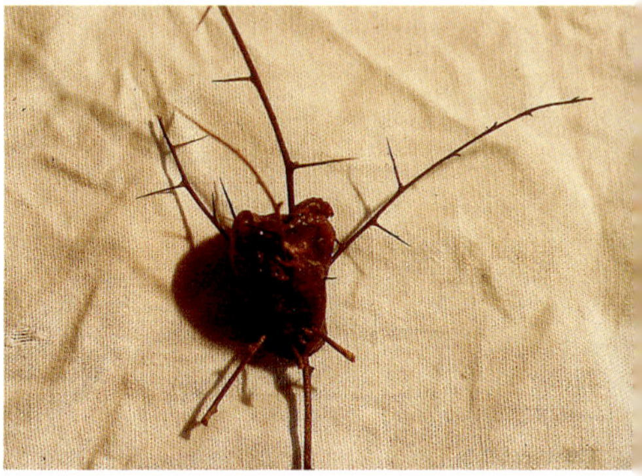

Cœur de volaille percé de ronces.
Ph. D. CAMUS.

Du fait que les vertus symboliques des composants de ces breuvages s'insinuent directement dans le corps de celui qui les ingurgite, pour les sorciers, ils sont une sorte de panacée lorsqu'il s'agit de déclencher une passion amoureuse sans retenue.

Ainsi, monsieur Jamelin avait aussi pourvu mademoiselle Gaudeur de potions destinées à la rendre irrésistible. Parmi celles qu'il lui donna en figure une, composée d'un foie d'étourneau, des testicules d'un lièvre (animaux associés à la fécondité à cause de leur grande capacité à se reproduire, le premier étant en outre rattaché au soleil, donc au principe mâle), du cœur d'une colombe et d'une matrice d'hirondelle (volatiles qui traduisent respectivement le temps des métamorphoses liées à la fertilité par l'annonce du renouveau de la belle saison et de l'amour tendre).

Mais il est parfois impossible aux sorciers ou à leurs clients d'opérer de la sorte car ils ne peuvent pas toujours côtoyer suffisamment leurs proies. Dans ce cas l'envoûtement s'effectuera à distance, ce qui ne semble pas être un problème pour ces experts du magique au regard des procédures qu'ils ont élaborées à cette fin, lesquelles sont, bien sûr, jugées efficientes par eux et leurs clients.

***La Mandragore.** Cette solanée à grandes feuilles fait partie de l'herboristerie magique depuis l'Antiquité. Elle entre dans la composition de nombreux brouets, notamment ceux d'envoûtements amoureux, ceci du fait qu'elle se divise en espèce mâle et femelle et que sa forme évoque le corps humain.*
Ph. L. GIRRE.

L'envoûtement à distance

Ne nécessitant pas des matériaux souvent difficiles à réunir comme, par exemple, ceux utilisés pour confectionner des philtres, le geste, qui tire son efficacité simplement de ce qu'il figure, est d'un usage courant.

C'est ainsi que pour donner sens à la volonté de faire voir à son adversaire « de quel bois il se chauffait », monsieur Ménard s'en prit à son bétail en enclouant les bouses de ses vaches avec des pointes brûlantes. D'ailleurs, pensait-il, c'est en agissant de la sorte que le jeteur de sorts avait naguère opéré pour occasionner de douloureux maux de jambes à monsieur Hennec : dans l'empreinte des pas que celui-ci avait laissée dans l'un de ses prés, étaient fichés sept petits tampons de bois en forme de croix inversée.

Un autre classique de la magie du geste répandu dans le monde entier, consiste à provoquer une rétention urinaire, en enfonçant une cheville ou un clou à l'endroit où un animal ou une personne vient d'uriner. Comme par mimétisme les résultats de l'opération sont exprimés dès qu'elle se déroule : la pointe pénétrera dans l'urètre et déclenchera de terribles et fatales souffrances.

Mais les éléments matériels qui permettent au principe de la contagion de s'appliquer, comme ici les empreintes ou les excréments – considérés comme des doubles des êtres qui les ont laissés – font parfois défaut. Dans ce cas, le substitut qui créera le lien entre l'acte et celui qui le subira est créé de toutes pièces. L'antique « nouage d'aiguillette » qui frappe d'impuissance l'homme auquel il s'applique fonctionne selon cet axiome.

L'étourneau.
Depuis le Moyen Age cet oiseau est un ingrédient classique des philtres d'amour.
Ph. A. MAUXION.

L'enclouage.
Procédé fort répandu destiné à faire boiter la personne dont l'empreinte est attaquée ; ici enclouée par sept pointes.
Ph. D. CAMUS.

Pour refroidir les ardeurs d'un rival, le procédé courant consiste à nouer par neuf fois une verge de renard en prononçant « *Nobal, Ribal, Varnabi* » ou, à défaut de connaître cette formule obscure, d'égrener le nom du persécuté.

Si, sur ce chapitre, le nœud est roi, d'autres méthodes existent cependant. Par exemple, pour que le mari de sa cliente cesse de l'importuner la nuit venue, madame Arlène traça un cercle sur la porte de leur chambre à coucher et y inscrivit « *consumatum est* ». Au centre du vagin ainsi figuré, elle planta un canif représentant le pénis de l'époux et en brisa la lame, marquant ainsi l'impossibilité de toute future érection, ce que confirma ensuite madame Leroy.

Si les hommes sont particulièrement visés par ces pratiques, les femmes peuvent également être victimes de la magie amoureuse et subir un « embarrement ». Afin de les rendre frigides, il suffit de fermer un cadenas neuf au décours de la lune – avant que ne s'éveille le soleil symbolisant la renaissance de la vie – en clamant « *bloquée tu es, fermée tu demeureras jusqu'à ce que je t'ôte de là* ». Mentionnons enfin que pour assujettir quelqu'un ou le rendre d'une fidélité exemplaire les sorciers n'ont besoin que de sa photographie. Pour faire succomber aux charmes de sa cliente l'élu de son cœur, monsieur Jamelin avait collé sur leurs portraits un cœur réalisé avec un fil rouge puis les avait noués face à face. Ensuite, les deux amants, désormais réunis, avaient été placés entre deux aimants qui attirent sur eux « l'énergie interne » née de leur contact et celle « cosmique » captée par les pièces métalliques.

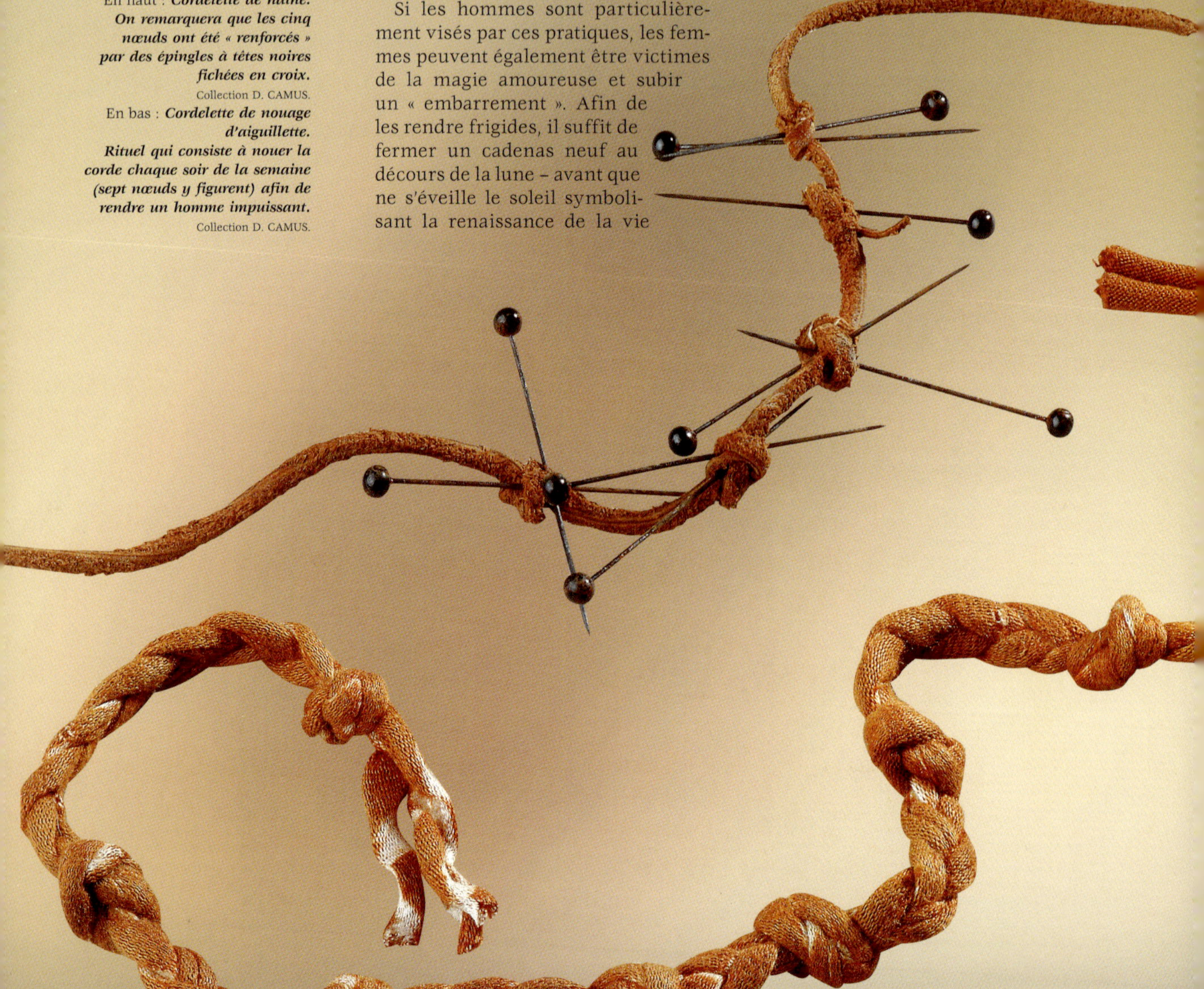

Cordelettes d'envoûtement. Moyen couramment utilisé pour capter l'« énergie magique » et paralyser la victime.
En haut : ***Cordelette de haine. On remarquera que les cinq nœuds ont été « renforcés » par des épingles à têtes noires fichées en croix.***
Collection D. CAMUS.
En bas : ***Cordelette de nouage d'aiguillette. Rituel qui consiste à nouer la corde chaque soir de la semaine (sept nœuds y figurent) afin de rendre un homme impuissant.***
Collection D. CAMUS.

Comme nous l'avons vu, les sorciers opèrent souvent par transfert car le magique suppose que l'on puisse reporter les qualités naturelles de quelqu'un sur une chose qui sera alors, par sympathie, son substitut.

C'est ainsi que madame Languevelec attribua les violentes douleurs vaginales de madame Lelavasseur au fait que sa persécutrice avait percé d'épingles et fait brûler des tampons hygiéniques usagés de sa cliente. Des objets qu'elle découvrit au domicile de la jeteuse de sorts jusque-là soupçonnée, mais du coup identifiée à cause de cette trouvaille. De même, selon monsieur Ménard, pour affaiblir monsieur Hennec en lui occasionnant de pénibles sensations d'étouffement, l'envoûteur avait enfoui dans la bouche d'un crapaud un mouchoir qu'il lui avait volé puis avait déposé le batracien dans un roncier dont les épines avaient prolongé et achevé son agonie.

A défaut de posséder un objet « réellement » imprégné des « ondes » de la personne, suivant le principe qui veut que le substrat soit ce qu'il évoque, les jeteurs de sorts peuvent donc fabriquer des représentations de leurs victimes.

Ainsi, pour rendre un homme impuissant, un procédé déclaré radical consiste à façonner un pénis en plâtre à modeler puis à le torturer avec des pointes. Monsieur Jamelin, qui ne laisse rien au hasard, confectionne une chandelle phallique qu'il encloue puis fait fondre lentement en récitant *« comme tu fonds, fondent tes forces »*.

Ci-contre en haut : ***Pénis noué.***
Le rituel consiste à nouer «l'aiguillette» de l'individu et lui occasionner une rétention urinaire par le fichage de la pointe.
Plâtre, 11 cm.
Collection D. CAMUS.

Ci-contre en bas :
Sortilège de nouage d'«aiguillette».
L'opérateur souhaite provoquer de violentes douleurs à sa victime, torturée par les barbelés.
Statuette de cire, 13 cm.
Collection D. CAMUS.

Phallus maléfique.
Envoûtement sexuel consistant à nouer de fil rouge (couleur de l'ardeur amoureuse) et à barder de ronces noires un pénis censé représenter la personne visée.
Pâte à bois, 18 cm.
Collection D. CAMUS.

La destruction progressive de l'objet, généralement soumis à des rituels de perforation, de crémation ou de putréfaction, doit, à terme, entraîner de fâcheuses conséquences pour l'individu qu'il figure, comme ce fut notamment le cas pour le fils des Hennec qui décéda d'un accident de voiture que sa famille estima « programmé » ; une tragique collision avec un arbre due – selon monsieur Ménard – au « travail » effectué par le jeteur de sorts sur une poupée le représentant.

En effet, les fameuses dagydes dont les démonologues du XVe siècle dénonçaient l'usage (Institoris et Sprenger, auteurs des plus célèbres, notent dans leur « Marteau des sorcières » que « *dans toutes les méthodes pour jeter des maléfices, les sorcières prennent comme instrument de leurs actes maléfiques une figurine de cire* ») ont encore les suffrages des sorciers d'aujourd'hui.

Elaborées à la ressemblance de leurs victimes, qui y deviennent alors unies selon l'axiome que le semblable évoque ce qu'il représente, leur sort est d'être percées de clous, brûlées, battues ; la finalité de leur martyre étant d'occasionner d'horribles et fatales souffrances aux personnes dont elles sont l'expression en miniature.

C'est sur cette base que pour satisfaire le désir de vengeance de sa cliente, monsieur Jamelin a opéré sur une statuette de cire. Il l'a perforée de vingt-huit pointes rouillées, s'attachant plus particulièrement à les ficher dans les yeux afin de rendre aveugle l'homme qui était l'objet du courroux de Laurence Gaudeur.

Pour renforcer le lien entre la figurine et son modèle, bien souvent les envoûteurs s'appliquent à la rendre « sensible ».

La ligature.
Poupée nouée afin de paralyser les gestes de la victime qu'elle représente.
Argile, 16 cm.
Collection D. CAMUS.

Cœur encloué.
Cœur en pâte à bois sur lequel la photographie de la victime est collée par de la cire, après avoir été brûlée. Sept épingles à têtes noires complètent ce dispositif d'envoûtement de haine.
6 cm.
Collection D. CAMUS.

Pour cela ils enfouissent dans ses entrailles des déchets corporels de l'individu à soumettre à influence. Ainsi, madame Leroy avait fourni à madame Arlène une mèche de cheveux de son mari pour que les œuvres de la magicienne produisent les effets qu'elle en escomptait.

C'est également parce que monsieur Jamelin estime « *qu'agir sur une dagyde chargée, c'est plus rapide* », qu'il demande à sa cliente de lui procurer un mouchoir ou des mégots de cigarette de ceux qui entravent la réalisation de son souhait.

Profitant du progrès technique, les sorciers utilisent volontiers la photographie pour « sensibiliser » la poupée avec l'être qui figure sur le cliché.

Bien souvent la photographie se substitue à la figurine car, comme le dit monsieur Conté, « *faire une dagyde c'est du boulot* ». Employé seul ou avec d'autres objets, comme par exemple avec des cœurs de mouton ou de veau, le portrait est lui aussi bardé de pointes, brûlé ou soumis à imprécations « maléfiques ».

Pour terrasser son adversaire, monsieur Ménard n'hésita pas à le soumettre à un terrible traitement effectué par le truchement d'un cœur dans lequel il avait enfoui une photographie de lui et des morceaux d'une veste qui lui avait été dérobée. Sept jours durant, à minuit, le « voult » fut perforé de neuf clous puis rôti dans une cheminée et arrosé de gros sel pendant que l'opérateur récitait d'une voix ferme cette imprécation composée d'ancien français, d'hébreu et de latin :

« *Adibaga, Sabaoth, Adonaï, Contra, Ratout,*
prisons premunt fini unixio
qui gussum mediator agres gaviol valax
Landa zazar valoi sator saluxio paracle gossum.
Mortus cum fice sunt et per flagellationem Domini
Nostri Jesu Christi. »

Une formule qui invoque le Dieu suprême, maître de l'univers, pour que l'action de l'officiant aboutisse.

Le cœur maléfique.
Cœur de volaille cloué sur une photographie.
Collection D. CAMUS.

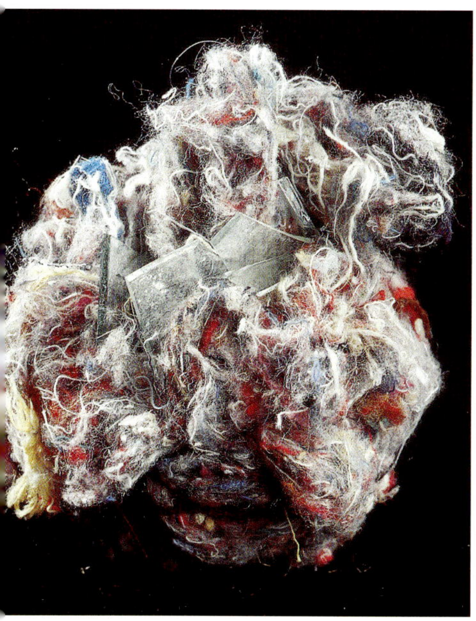

« Charge » destinée à perturber le sommeil.
Laine de matelas et morceaux de verre.
25 cm de circonférence.
Collection D. CAMUS.

Si les sorciers usent volontiers d'objets pour propager leurs maléfices, la plupart d'entre eux estiment qu'ils peuvent opérer simplement par la télépathie.

Cette façon de faire repose sur le postulat que l'être humain est constitué de matières qui émettent des « rayonnements vibratoires » qu'il est possible de capter. L'organisme étant émetteur, il est corrélativement récepteur. Le tout est alors affaire de connexion à la longueur d'onde que l'on veut recevoir ou sur celle que l'on veut émettre. Considérant que la pensée est génératrice de radiations qui peuvent être dirigées à volonté, comme un faisceau lumineux, l'opération consiste à se brancher sur la fréquence émise par une personne et à en perturber l'harmonie par l'envoi « d'ondes parasites ».

Par suggestion, le sorcier pense pouvoir ainsi œuvrer à distance et influer sur le comportement de quelqu'un en créant chez lui des troubles émotionnels, des obsessions, des pulsions incontrôlées... En modifiant « la résonance vibratoire » de celui sur lequel il agit, il estime aussi être capable d'octroyer la maladie ou de la combattre.

Ce que l'on appelle communément le « mauvais œil » procède de cette façon d'agir, sachant que dans ce cas la transmission de pensée s'effectue à courte distance, souvent même en présence de la victime. Selon monsieur Ménard, c'est ainsi qu'opéra le jeteur de sorts pour provoquer la maladie d'une des vaches des Hennec ou déclencher au paysan un subit accès de fièvre.

Cœur de bœuf encloué sur une clôture.
Ph. D. CAMUS.

Poupée à clous féminine.
Les pointes fichées dans les membres et les organes sont censées causer de violentes – et parfois – fatales douleurs à la personne que représente la statuette.
Papier mâché et ficelle, 50 cm.
Collection D. CAMUS.

stimuler leur psychisme au point de les voir « véritablement », madame Arlène et monsieur Conté utilisèrent des photographies les représentant. Une fois « le contact » ainsi créé, le sorcier se relaxe en pratiquant des exercices respiratoires - souvent de type yogique - afin de « faire le vide ». Lorsqu'il est prêt, il s'applique alors à visualiser sa proie jusqu'à parvenir à la voir se comporter comme il le souhaite. Pour soutenir cet intense effort d'imagination qui lui permet de se représenter l'image du but à atteindre d'une façon telle qu'elle devienne pour lui une réalité agissante, et donc réceptive à ses

Ci-dessus :
Les ronces sont de bonnes cachettes pour dissimuler des objets d'envoûtement.
Ph. D. CAMUS.

À droite :
Cœur planté dans un arbre.
Ph. D. CAMUS.

Si la proximité de la personne à influencer est de nature à exacerber la volonté du jeteur de sorts et donc à la rendre très vite opératoire, elle a le désavantage de le démasquer car la victime fera rapidement le lien entre sa présence et les préjudices qu'elle subit, comme ce fut notamment le cas pour les Hennec. C'est pourquoi les envoûteurs préfèrent mettre en œuvre cette méthode d'action chez eux, à l'abri des regards indiscrets.

Pour se forger une véritable image des sujets sur lesquels agir et donc

Prière d'enclouage d'un cœur

A chaque enclouage prononcer d'une voix forte :

« Je te fixe,
Par la force de la croix,
Rostin, clastra au Vara clastra,
Custodia durané. »

influences, il scande inlassablement des formules exprimant clairement les buts de son entreprise. Pour réaliser le « retour d'affection » que sa cliente lui avait demandé de faire, monsieur Conté clamait une heure durant « *pense à Claudine, elle te domine* ». Une opération qu'il renouvelait trois fois par semaine durant trois lunaisons.

« *Vous savez, faut prendre garde quand on fait ça. On se vide complètement. C'est là qu'il faut faire attention car on devient vulnérable* », déclare le sorcier pour justifier le fait qu'il n'agisse ainsi que pendant une heure.

Moins soucieuse d'elle-même lorsqu'elle opère de la sorte, madame Arlène se donne totalement et la cérémonie dure des heures jusqu'à ce qu'ivre de fatigue elle s'évanouisse après avoir « vu en direct » ce qui allait advenir de la personne qu'elle assaillait ainsi farouchement. Pour stimuler son énergie, elle aussi a recours à la puissance sonore du Verbe.

De fait, la parole occupe une place fondamentale dans la sorcellerie. Elle est l'âme du rite car elle exprime la volonté de l'officiant et la projette sous forme d'actes dont les effets anticipés sont considérés comme des réalités intangibles.

C'est ainsi que les imprécations magiques rythment l'enclouage d'une poupée ou d'un cœur, traduisent le désir d'amour ou accompagnent la confection de talismans, de cercles protecteurs...

Les paroles prononcées par les sorciers sont de deux types : soit elles sont totalement improvisées et évoquent le but recherché dans l'opération en cours, soit elles sont codifiées, figées selon un principe d'efficacité censé résider dans chacun des mots dits. C'est notamment le cas lorsque ces « prières » s'adressent à des « forces de l'au-delà » qu'il s'agit de commander et dont, nous l'avons vu, la fréquentation n'est, paraît-il, pas sans péril.

La mère et l'enfant. Poupées recouvertes de peinture rouge. On notera que trois clous sont plantés dans le cœur du bébé. 25 cm.
Collection D. CAMUS.

Prière d'envoûtement à réciter pendant l'enclouage d'une dagyde

« Aman ✞ Aglofos Onei ✞ Alcanor ✞ Adonaï ✞
Adestote in meum adjutorium quia invoco vos in meum adjutorium, quia invoco in meo opere quod per vos incipio ut per vos finiatur. »

Hormis le nom d'Adonaï, qui est la dénomination hébraïque de Dieu dans l'ancien testament, tous les autres noms désignent des démons.

Tout écart de langage est alors proscrit et le sorcier n'a qu'une obsession : ne pas omettre un terme de la formule et peu importe si elle est inintelligible. En fait, les jeteurs de sorts attachent peu de prix à la compréhension des formules imprécatives – d'autant que bon nombre d'entre elles sont en latin « de cuisine » – dans la mesure où ils estiment qu'elles agissent au « niveau vibratoire ». Ce qui compte c'est avant tout la façon dont elles sont énoncées, d'où l'importance que prennent alors les rimes et assonances, le rythme et la diction, etc. Déclamées avec une conviction inébranlable, ces formules sont de véritables projectiles émotionnels.

À cet égard, il n'est pas anodin de noter que leur répétition prolongée – qui peut parfois durer plusieurs heures – peut amener le récitant dans un état proche de la transe.

Mais le crédit porté à la toute-puissance du Verbe est tel qu'il n'est pas forcément nécessaire de la libérer par la parole pour qu'elle se manifeste. Par exemple, pour réaliser un envoûtement d'amour, monsieur Jamelin se contente d'inscrire sur une feuille de papier, qu'il réduira ensuite en poudre afin de la faire ingurgiter aux « promis », la formule suivante :

« *Adamah, Evah, comme le créateur Tout-Puissant*
Vous a unis d'un lien Mutuel,
Unissez le cœur de (citer les noms des personnes à unir)
Afin que rien ne leur soit refusé.
Sadaï, Sadaï, Sadaï. »

Comme on l'a vu tout au long de ces pages, les envoûteurs usent de multiples moyens pour œuvrer. Le moment est donc maintenant venu d'examiner comment les désenvoûteurs peuvent les contrarier, ayant, eux aussi, « plus d'un tour dans leur sac » pour mener à bien leurs entreprises.

À gauche :
Statuette d'envoûtement de mort.
Figurine renfermant un cœur de volaille percé de cinq épingles à têtes noires.
Pâte à bois, 17 cm.
Collection D. CAMUS.

Page de droite :
Poupée féminine transpercée de flèches de bois brûlées.
Papier et ficelle, 29 cm.
Collection D. CAMUS.

LE DÉSENVOÛTEMENT

Selon les désensorceleurs, l'envoûtement durera aussi longtemps que ne seront pas mis en œuvre les moyens appropriés pour le contrer. Mais encore faut-il que cette intervention ne soit pas trop tardive car plus un sort est ancien plus il est difficile à « barrer » et plus il est ardu de réparer les dégâts qu'il a causés.

Détecter les sortilèges

Une fois que le désenvoûteur a pris connaissance de la situation de son client, son premier acte concret consiste à se rendre à son domicile pour se faire une idée de la façon dont les maléfices ont été propagés et pour en évaluer la portée.

Pour cela, différents moyens peuvent être employés au premier rang desquels figure le corps même de l'intervenant. En effet, tous ces « Hommes de Don » déclarent être sensibles aux « ondes négatives » et donc être capables de les détecter par leur simple présence. Lorsque mesdames Languevelec et Le Men pénétrèrent pour la première fois dans les demeures de leurs clientes, toutes deux éprouvèrent des symptômes leur révélant la présence de « radiations nocives ». Les nausées, vertiges, sensations de chaleur et picotements au bout des doigts sont dans un tel cadre des signes qui ne les trompent pas.

Le pendule et la baguette sont également utilisés par ceux qui peuvent les manier pour détecter la présence d'objets porteurs de sortilèges et les localiser. C'est en se fiant aux oscillations de la petite boule métallique qui « girait » de plus en plus amplement à mesure qu'elle se rapprochait de la source de ce genre d'émissions que madame Languevelec découvrit des « charges » dans la literie d'Irène Lelavasseur. C'est en suivant les tressautements de la

En haut : ***Croix de la Saint-Jean. Fougères.***
Ph. D. CAMUS.

À droite : ***Couronne de laurier.***
Ph. D. CAMUS.

Outre leurs vertus protectrices, ces plantes révèlent la présence des « ondes maléfiques » par leur flétrissement « anormalement » rapide.

fourche de coudrier que messieurs Ménard et Dréan mirent à jour les nombreux supports d'envoûtement dissimulés dans les fermes des Hennec et des Le Litré.

Tout comme certains végétaux sont censés protéger des maléfices, ils peuvent aussi, parfois, en déceler la trace. Madame Languevelec disposa ainsi de la joubarbe dans chaque pièce de la maison de sa cliente, le flétrissement par trop rapide des feuilles étant dans ce cadre révélateur « d'ondes maléfiques ». Les mêmes propriétés sont également attribuées à la rhubarbe et au sureau. Pour établir ce type de diagnostic, monsieur Ménard se sert de l'encens. Selon lui, si sa fumée est plus sombre qu'à l'ordinaire, c'est que le lieu où il se trouve est « contaminé ». « *Plus la couleur est noire, plus ça indique un taux important de radiations* », déclare-t-il à ce sujet.

L'arme classique de la purification qu'est l'eau bénite est souvent usitée pour dépister les « charges » car les sorciers affirment qu'à leur contact elle bouillonne légèrement. Ainsi, c'est après en avoir aspergé le plancher de la chambre à coucher des Hennec que monsieur Ménard avait découvert un crapaud décomposé sous leur lit.

Conséquence du progrès technique, des instruments plus sophistiqués ont enrichi la panoplie des désenvoûteurs. Monsieur Dréan a fabriqué un radar « détecteur d'ondes négatives » ; une machine qu'il vend car elle a également – selon lui – la faculté de les annihiler.

Ci-dessus : ***La divination par le blé. Le procédé consiste à faire chauffer une poêle contenant un nombre impair de grains de blé. Sous l'action de la chaleur ils sauteront et se répartiront de part et d'autre de la ligne tracée dans le récipient. Il suffit alors de repérer la partie où se trouvent le plus de grains, sachant que celle de gauche ne présage rien de bon et que celle de droite augure des perspectives favorables pour réaliser ce qui est projeté.***
Ph. D. CAMUS.

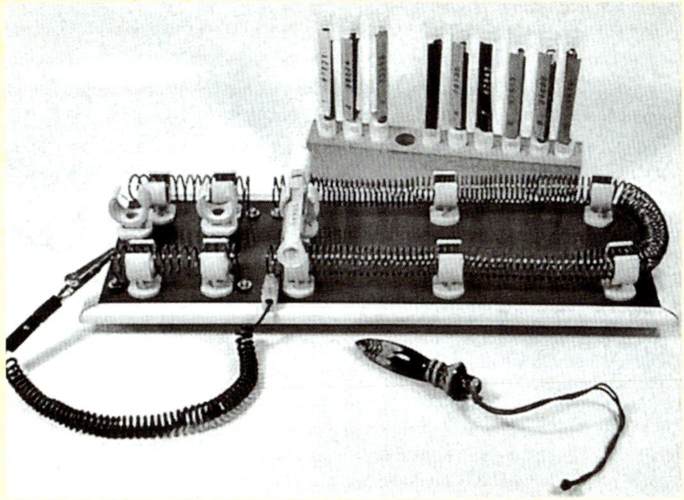

Le Télé-Rec.
Appareil récepteur et émetteur d'« ondes énergétiques ».

Le Vitalimètre.
Appareil utilisé pour détecter les « ondes nocives » et mesurer leur degré de nuisance.

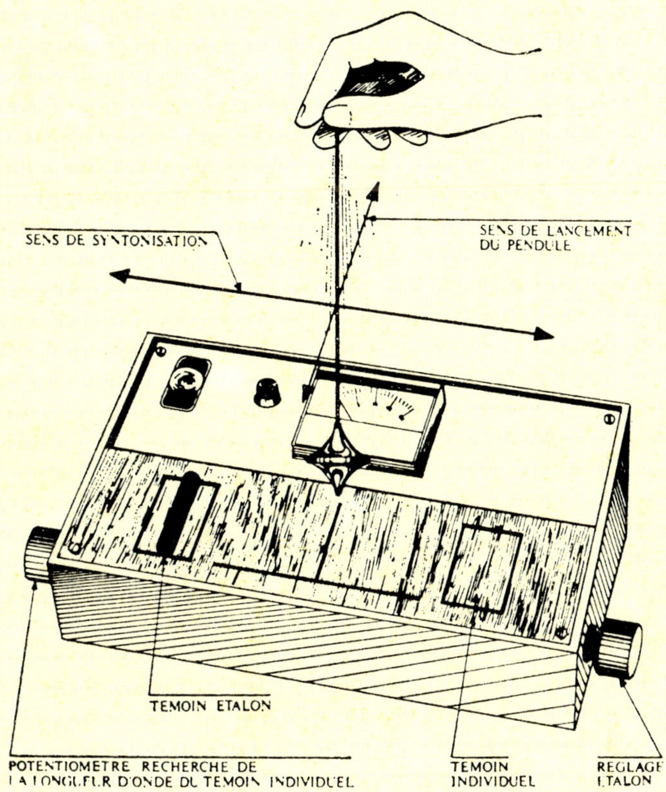

Cœur de bœuf lacéré de tessons de bouteille.
Ph. D. CAMUS.

Enfin, des procédures divinatoires peuvent être mises en œuvre pour s'assurer de l'état de quelqu'un.

La méthode classique en la matière consiste à verser du plomb fondu dans une bassine d'eau froide. Si le métal saturnien – donc associé aux œuvres maléfiques – éclate en une multitude de particules ou s'il forme des figures comme une tête de mort, cela veut dire que la personne est envoûtée.

On peut arriver au même résultat en se servant d'un œuf dont le jaune est versé dans un verre qui sera retourné sur une assiette. L'opérateur interprétera les traces qu'il y aura laissées : un rond franc indique que la sorcellerie n'est pas la cause des déboires du consultant, un ovale ou un cercle brisé qu'elle l'est ; des lignes partant en tous sens et des taches tous azimuts signifient qu'il n'y a pas de temps à perdre pour préserver la santé de l'infortuné.

Par ailleurs, si le désenvoûteur a quelques accointances avec des « esprits supérieurs », il peut toujours leur demander leur avis. Mesdames Le Men et Languevelec s'en remettaient fréquemment aux opinions éclairées de leurs « amis de l'invisible ».

Détruire les maléfices

Le travail de repérage que le désenvoûteur effectue chez son client n'a pas seulement pour but d'authentifier le diagnostic de sorcellerie. En recherchant comment l'envoûteur a agi pour propager chaque mal (jets de sorts par l'emploi d'objets, par le toucher, par la télépathie...), il échafaude déjà sa stratégie pour le contrer. Par ailleurs, cette inspection lui permet de déterminer les zones saines et celles

Cœur de volaille planté sur un morceau de robe de la victime.
Ph. D. CAMUS.

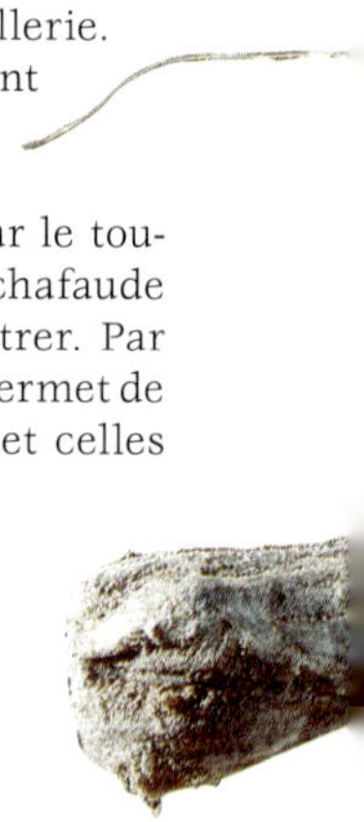

atteintes par les maléfices, d'apprécier les points de vulnérabilité de son client et la gravité de la situation.

Une fois ce bilan effectué, commence l'opération d'assainissement. Les « charges » découvertes sont alors brûlées, enterrées, aspergées d'eau bénite. Les bâtiments, le bétail, les humains ont aussi droit à de copieuses rasades de liquide et de sel consacrés, la fumée de l'encens s'élève de toute part et les oraisons magiques résonnent dans l'air.

Si les désenvoûteurs se servent principalement des vertus intrinsèques des quatre éléments – l'eau, le feu, la terre, et l'air –, d'autres moyens peuvent néanmoins être utilisés. Pour désensorceler le lait des Hennec, monsieur Ménard y plonge une boule de plomb hérissée de pointes ou y plante un couteau dont la lame est brûlante. Selon ses confrères, immerger dans le liquide des clous préalablement bouillis dans le vinaigre aboutit au même résultat.

Poupée à clous féminine. Argile et ficelle, 16 cm.
Collection D. CAMUS.

La divination par le tamis. Grand classique de la divination « populaire », le procédé consiste à suspendre le tamis au bout d'une ficelle ou d'une pointe piquée dans le bois. Questionné, l'instrument « répond » positivement ou négativement suivant qu'il se met à bouger ou demeure immobile.
Collection Cartopole de Baud, Morbihan.

Ceinture de la Saint-Jean. Fougères. Apposée dans les étables, cette couronne de fougères est supposée prémunir le bétail d'éventuels maléfices.
Ph. D. CAMUS.

Purifier et protéger les lieux et les êtres

Lorsque les objets porteurs de maléfices ont été détruits et que la progression de la pernicieuse infection qu'est le sortilège a été stoppée, est alors développé un vaste complexe destiné à purifier tout ce qui a été au contact des « radiations nocives ».

Comme nous l'avons vu dans les chapitres précédents, celui-ci s'appuie beaucoup sur l'emploi de l'eau et du sel bénit, des fumigations d'encens, de cierges consacrés, d'ablutions d'herbes de la Saint-Jean et sur le tracé de croix et de cercles protecteurs autour des bâtiments, sur les lieux de passage des demeures et des champs.

Là aussi, la puissance du Verbe est requise et les mots salvateurs sortent des gorges anxieuses du lendemain.

Parfois, lorsque les cas sont jugés gravissimes, comme par exemple pour madame Lelavas-

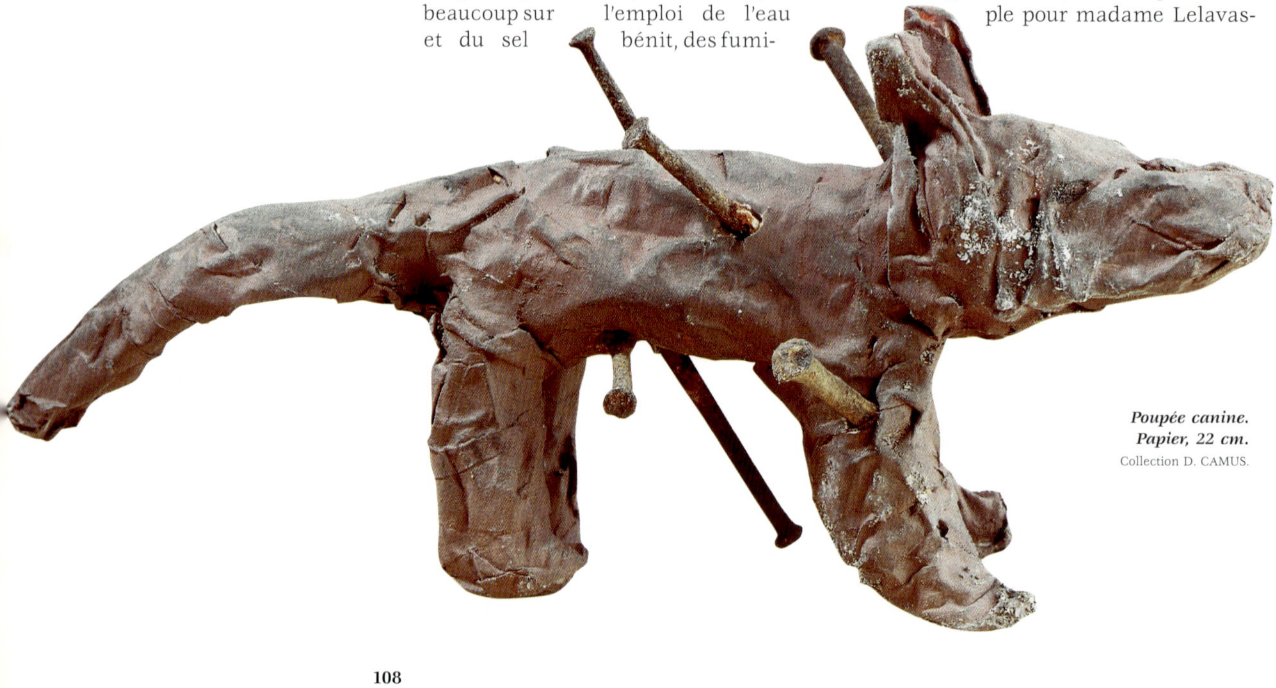

Poupée canine. Papier, 22 cm.
Collection D. CAMUS.

Désenvoûtement d'un animal

Tout en tournant autour de lui dans le sens de la révolution solaire, lui tracer une croix de sel bénit sur l'échine en prononçant : « Herego, Gomet, Hunc, Gueridans, Sesserant, Deliberant, Ameï. »
Faire ainsi trois circonvolutions.

Prière de destruction des objets maléficiés

(à réciter pendant leur crémation)

« ✞ Dieu Tout-Puissant et Eternel, qui dans le feu et les flammes avez montré votre justice et opéré des merveilles, nous vous prions pour que ce feu que nous bénissons ✞ et qui représente votre justice, devienne une torture pour les démons qui habitent ces corps que nous y jetons.
Que pour leur confusion ces misérables soient obligés d'obéir à vos serviteurs et de s'enfuir de notre vue et de descendre dans le fin fond des enfers, suivant la volonté toute puissante de notre Seigneur Dieu qui vit et règne dans les siècles des siècles ✞. Ainsi soit-il. ✞ »

seur, les paroles prophylactiques sont ingurgitées après avoir séjourné dans un liquide.

L'emploi du magnétisme parachève souvent ce nettoyage corporel soit directement sur les personnes elles-mêmes, soit par le biais de leur photographie qui sera immergée dans de l'eau magnétisée ou enfouie dans du coton imbibé du fluide régénérant.

Quand les lieux, les gens et les bêtes sont assainis, le désenvoûteur se charge ensuite de les mettre hors de portée de son adversaire. C'est alors que les amulettes et autres talismans apparaissent (discrètement) sur les murs des bâtiments, dans les prés, ornent le cou des animaux et des humains ou sont enfouis dans leurs poches.

Figurine d'envoûtement d'un bovin. Le procédé vise à « faire tarir » la vache en lui martyrisant les mamelles. Argile, 13 cm.
Collection D. CAMUS.

Divination par l'encre. Cette méthode utilisée pour détecter un jeteur de sorts consiste à écrire le nom du suspect sur une feuille de papier puis à la plier. Suivant la nature du dessin obtenu – ici une figure « diabolique » –, le soupçon sera ou non confirmé.
Collection H. BERTON – SEREST.

Démasquer le jeteur de sorts et découvrir ses mobiles

Pour qu'un désenvoûtement ait quelques chances d'aboutir, le désensorceleur doit identifier celui qui est à l'origine de la situation. La désignation du jeteur de sorts s'effectue en deux temps.

Tout d'abord, le désenvoûteur demande à son client s'il soupçonne quelqu'un. Ce dernier, en reliant les événements qu'il subit aux gens qui composent son environnement social, va s'efforcer de saisir les mobiles de son persécuteur et préciser des suspicions pour, à terme, sélectionner des coupables possibles, lesquels, nous l'avons vu, sont toujours des proches.

Généralement, ce choix s'effectue au travers des antipathies que le consultant éprouve envers telle ou telle personne.

Ainsi, dans les cas évoqués, les Hennec et les Le Litré avaient d'emblée avancé les noms de leurs voisins et leurs motivations supposées. Madame Languevelec ne fut pas longue à avoir son idée quant à l'identité du tourmenteur de madame Lelavasseur. Il en est de même dans l'affaire Lemoine, même si durant un temps monsieur Level admit « patauger », vu

La brindille divinatoire. Flottant sur l'eau, le bout recourbé de la brindille de noisetier indique la direction où réside le jeteur de sorts.
Ph. D. CAMUS.

la tournure singulière que prenaient les faits.

Si les désenvoûteurs subodorent vite de quoi il retourne, néanmoins, ils se gardent de donner promptement leur opinion, préférant attendre la suite des événements pour se ranger à l'avis de leurs clients car, comme le dit monsieur Level, « *il faut faire attention avec ça. C'est pas le tout d'accuser un innocent car si on est obligé de retourner le sort, c'est un pauvre type qui va trinquer et ça ne changera rien à l'affaire* ».

« Faut voir » est donc le maître mot en la matière. Bien souvent, ce sont les faits qui se chargeront de démasquer l'opposant, notamment lorsque le désenvoûteur entreprendra une opération persécutrice à son égard s'il a la chance de trouver une « charge » porteuse de sa « longueur d'onde ». Ainsi, selon monsieur Level, c'est en intervenant sur l'un de ces objets qui, selon la loi du « transfert », représente l'individu qui l'a manipulé, qu'il découvrit l'homme recherché ; un individu qui fut affligé de fulgurantes dermatoses à répétition chaque fois qu'un rituel était effectué. C'est également après avoir observé comment le voisin des Hennec réagissait à une action répressive menée à son encontre que monsieur Ménard se rangea à leur avis.

A défaut de pouvoir agir de la sorte (les jeteurs de sorts prennent en général grand soin à ce qu'on ne puisse pas ainsi remonter jusqu'à eux et leur faire subir le fameux « choc en retour »), les désensorceleurs ont alors recours à la divination.

Le procédé couramment employé consiste à passer le pendule sur des morceaux de papier où est inscrit le nom des suspects et à observer ses girations. Si le jeteur de sorts supposé habite le village de ses victimes, sa localisation peut être effectuée à l'aide d'un plan cadastral, le domicile d'un individu s'identifiant avec celui qui l'habite. Là encore, le tournoiement désordonné de la petite boule émettra son verdict.

Dagyde féminine. Argile, 17 cm.
Collection D. CAMUS.

Ceux qui, comme madame Languevelec, commercent avec des « entités de l'au-delà », peuvent s'en remettre à leur avis éclairé. Ainsi, est-ce à l'issue d'une séance d'écriture automatique qui indiqua quelques lettres, qu'elle en déduisit qu'il s'agissait des initiales de ses adversaires.

Mais là encore, ce sont les faits qui se chargeront de corroborer ou d'infirmer le diagnostic ainsi établi, attestant du même coup le caractère aléatoire de ces procédures.

Mais, comme le dit monsieur Dréan, « *les gens sont rarement prêts à croire ce qu'on leur dit. Remarquez, c'est normal, si je leur annonce de but en blanc : c'est votre copain ou votre bonne femme, ou votre mari qui vous fait ça, ils vont me rire au nez. C'est seulement plus tard, lorsque le nécessaire est fait et qu'ils voient des changements chez les autres qu'on peut leur dire : bien oui, c'est untel. C'est seulement là qu'ils peuvent admettre la réalité, parce qu'ils peuvent s'en rendre compte* ».

Par ailleurs, étant soucieux de rester maîtres de la con-

Le baigneur maléfique. Soucieux d'accroître la ressemblance entre la victime et son substitut, les sorciers n'hésitent pas à recycler les jouets. Poupée en plastique, enclouée sur bois. 26 cm.
Collection D. CAMUS.

La vieille méthode du « plomb fondu » a encore ses adeptes. Il s'agit de regarder attentivement l'aspect que le métal prendra en se solidifiant dans une bassine d'eau froide et d'y déceler des traits caractéristiques d'un visage. Scruter une boule de cristal peut aussi conduire à ce résultat, pourvu, là encore, que l'officiant ait de bons yeux.

joncture, les désenvoûteurs sont très discrets sur ce chapitre car le risque est alors grand que le client compromette son issue par des interventions intempestives dues à sa légitime colère.

La contre-attaque : « le choc en retour »

Si l'annulation pure et simple des sorts suffit parfois à clore une affaire d'envoûtement, il est néanmoins rare qu'un jeteur de sorts cesse son action maléfique lorsqu'il constate que ses œuvres sont perturbées par un désenvoûteur appelé à la rescousse. Se sachant découvert le sorcier redouble alors ses attaques. Généralement cette seconde « salve de sortilèges » est très brutale et se traduit souvent par des catastrophes très graves (accident de voiture pour madame Lelavasseur), des morts d'animaux (pour les Le Litré et monsieur Lemoine) voire des décès de personnes (par exemple le fils des Hennec).

A ce stade, qui exclut tout compromis, soit le désensorceleur s'avoue vaincu, soit il s'engage dans une lutte qui doit obligatoirement se conclure par la défaite de l'un des protagonistes. Pour mener le combat avec succès, comme le dit monsieur Ménard, il ne doit pas « *mégoter sur les moyens* ».

La contre-offensive va alors se dérouler en deux temps. La première étape va consister à de nouveau purifier, revitaliser et protéger les victimes. La seconde va être de retourner les maléfices en employant des méthodes volontairement agressives. Le désenvoûteur se transforme alors en « jeteur de sorts pour le bien ».

Pour provoquer ce « choc en retour », véritable version ésotérique de l'adage qui veut que celui qui utilise l'épée périsse par l'épée, l'intervenant « a plus d'une corde à son arc ».

Dagyde enfantine.
Les enfants ne sont pas à l'abri des œuvres sorcières.
Poupée de tissu et plastique, clouée sur bois. 35 cm.
Collection D. CAMUS.

Tout d'abord, il fera à nouveau appel à « la puissance du Verbe ». Mais cette fois-ci les invocations récitées ne seront plus seulement conjuratoires. Comme le montre celle prononcée par madame Languevelec, les « forces » convoquées à la rescousse doivent châtier l'opposant, « le passer au fil du glaive, le réduire à néant ».

« PRIÈRE DE CONTRE-ENVOÛTEMENT »

« ✞ Seigneur Dieu Tout-Puissant, rendez-moi justice, écoutez ma prière :

Des ennemis se sont dressés contre moi afin de me prendre la vie.

Mais voici que le Seigneur vient à mon secours.

Frappez mes adversaires, anéantissez-les et délivrez-moi de toutes affections.

Seigneur Dieu Tout-Puissant, aidez-moi à combattre ceux qui me combattent et jugez-les.

Prenez vos armes et votre bouclier ; portez votre glaive et empêchez de passer ceux qui me poursuivent.

Que ceux qui en veulent à ma vie et s'opposent à mes actes soient confondus.

Que ceux qui veulent ma ruine rougissent et reculent.

Que leur route soit sombre et glissante sur le chemin de leur fuite.

Que les méchants qui ont marché dans le chemin du crime et dont la langue n'émet que des mensonges pareils au venin du serpent, tombent dans le piège qu'ils ont tendu pour moi.

Qu'un filet tombe sur eux et les enveloppe.

Que leurs dents et leurs mâchoires soient brisées comme le Seigneur brise celles des animaux furieux.

Comme l'eau du torrent, ils seront réduits à néant.

Comme la cire qui fond au soleil, ils disparaîtront et seront consumés par un feu ardent.

Ils seront détruits dans la force de l'âge avant que leurs épines ne soient devenues mortelles.

C'est ainsi que la Vengeance du Seigneur éclatera pour réjouir le juste tout comme ils se réjouissaient naguère de mes malheurs et entassaient contre moi des calomnies iniques.

Leurs manœuvres avaient déjà été déjouées, mais ils ne se sont pas repentis.

Maintenant ils m'insultent et m'attaquent à nouveau. Aussi est-ce ainsi que Dieu, Seul Juge sur Terre, lave les mains de ceux qui font triompher sa cause et sa justice.

Gloire au Seigneur Dieu Tout-Puissant qui me permet de me réjouir parce qu'il s'est levé et m'a fait triompher en prenant ma cause en main.

Comme ceux qui m'ont attaqué et tendu des pièges sont couverts d'ignominie, que ceux qui ont désiré mon triomphe soient dans l'allégresse.

Que tout comme moi ils puissent maintenant chanter vos louanges et vous offrir des sacrifices.

Ainsi soit-il ! ✞ »

Comme la parole accompagne généralement une gestuelle, celle-ci est aussi agressive.

Tout comme le persécuteur des Hennec avait mis à mal une partie de leur bétail, monsieur Ménard s'en prit lui aussi à son cheptel. Pour « *lui rendre la monnaie de sa pièce* », il entreprit d'étouffer l'une de ses vaches en tressant un lacet avec les poils de l'animal et en y faisant un nœud chaque soir à la même heure, durant neuf jours.

A l'occasion d'une séance de divination destinée à révéler le visage du jeteur de sorts dans du plomb fondu versé dans une bassine d'eau, l'officiant peut en profiter pour lui porter un trait.

Destruction d'une « charge »

Enfouir l'objet d'envoûtement dans la braise et réciter :

« Lasgaroth ✞ Aphonidos ✞ Pabotin ✞ Vrat Condion ✞ Lamairon ✞ Fond ✞ Arpagenon ✞ Alamor ✞ Bourgasis ✞ Venia Sarabani ✞ Adonaï. ✞ »

Renouvelez ensuite l'opération trois jours de suite, puis enterrez les cendres en les aspergeant d'eau bénite.

Dagyde féminine de paralysation. Argile, ficelle et fil de fer barbelé. 16 cm.
Collection D. CAMUS.

Poupée d'enfant enclouée et brûlée. Plastique, 12 cm. Collection D. CAMUS.

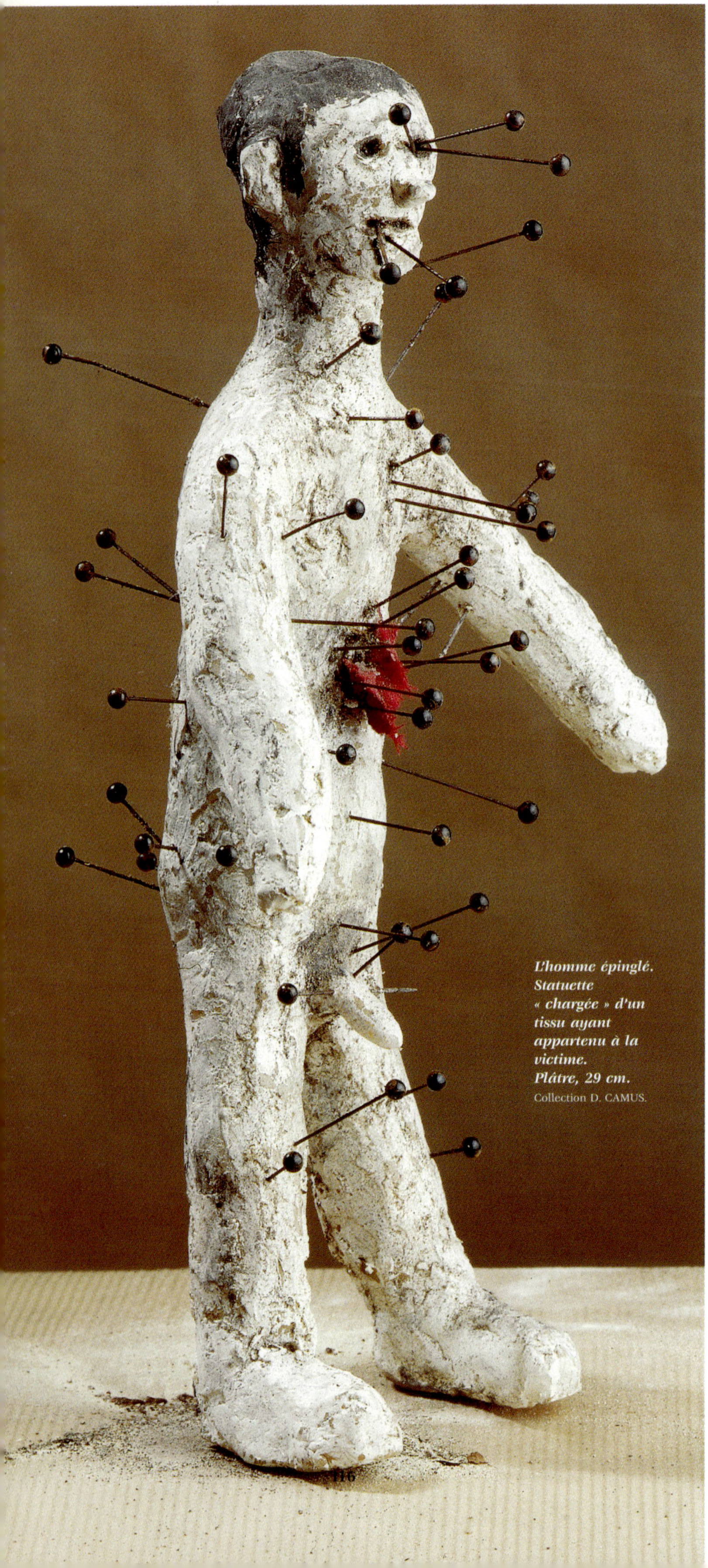

L'homme épinglé. Statuette « chargée » d'un tissu ayant appartenu à la victime. Plâtre, 29 cm. Collection D. CAMUS.

Prière pour empêcher tout retour des forces maléfiques

« ✝ Bénissez ✝, Seigneur, cette Croix par laquelle vous avez racheté le monde de la puissance des démons et triomphé du péché.
Sanctifiez ✝, Seigneur, ce Signe de votre Passion afin qu'il soit un obstacle pour vos ennemis et un drapeau pour ceux qui croient en vous, afin qu'en ce lieu ne puisse y demeurer aucun démon.
Faites, Seigneur, que les démons se retirent confondus et s'éloignent de ce lieu aussi loin que le Ciel se trouve éloigné de la Terre, mais que les Saints Anges y habitent.
Protégez ce lieu, vous qui vivez et régnez dans les Siècles des Siècles.
Ainsi soit-il. ✝ »

A défaut de pouvoir agir de la sorte – tous les désenvoûteurs n'ont pas une vision aussi inspirée leur permettant de discerner ainsi le portrait de quelqu'un –, ils peuvent procéder en piquant d'épingles sa photographie.

C'est notamment en « travaillant » sur le cliché de la sorcière qui tourmentait sa cliente que madame Languevelec déclare être parvenue à la mettre hors d'état de nuire. Pour cela, elle plaça son portrait entre deux feuilles de papier où était inscrite une prière de contre-envoûtement similaire à celle précédemment exposée et la recouvrit d'une chape de cire qu'elle immergea ensuite dans

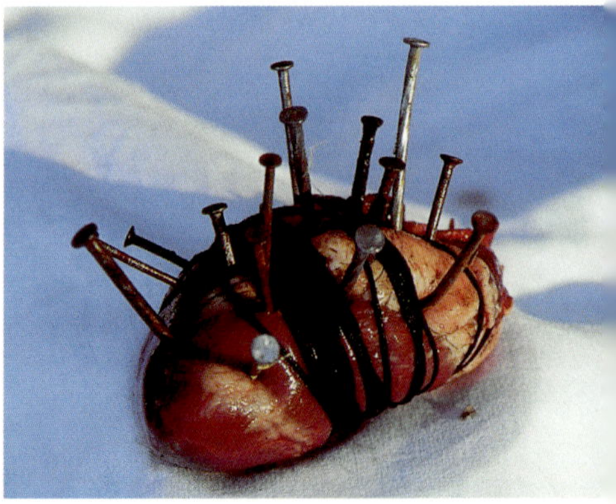

Cœur d'envoûtement. Cœur de bœuf ficelé d'une cordelette noire et encloué. Ph. D. CAMUS.

Le cœur pelote.
PH. D. CAMUS.

de l'eau bénite. Irrémédiablement liée aux paroles conjuratoires fixées sur elle par l'intermédiaire de son « aura », la jeteuse de sorts était définitivement paralysée. Comme par ailleurs la désenvoûteuse avait détruit son sanctuaire (à grand renfort de fumigations d'encens et d'aspersions de sel et d'eau bénite), elle n'avait plus désormais de capacités de nuire à autrui. Apparemment les faits vérifièrent le pronostic de la désenvoûteuse car, peu de temps après, elle disparut dans la nature et l'affaire connut un heureux dénouement.

Pour obtenir ce résultat, messieurs Dréan, Level et Ménard martyrisèrent des cœurs d'animaux figurant leurs adversaires. Messieurs Level et Ménard raffinèrent la torture en les arrosant de gros sel, ce dernier y rajoutant de vigoureuses bastonnades pendant la récitation de sinistres imprécations telle celle-ci : « *Je te pique, je te plante, par l'Esprit Tout-Puissant, je te voue ! Tiens, voilà pour toi, tu l'as voulu, tu l'as. Par ma force je te tiens Adibaga, Sabaoth, Adonaï, contra ratout. Prisons premunt fini unixio qui gussum mediator.* »

Bien que ces paroles expriment la nécessaire hargne que le sorcier doit manifester lorsqu'il procède ainsi, monsieur Ménard était véritablement furieux car malgré les multiples attaques qu'il avait menées contre le jeteur de sorts, celui-ci n'en continuait pas moins ses œuvres. Céder et abandonner le couple à sa funeste destinée ou relever le défi en s'efforçant de ne pas prêter le flanc à une attaque imprévue qui peut, dès lors, se révéler fatale étaient les seules alternatives.

De fait, il n'est pas rare que les affaires de désenvoûtement aient un dénouement tragique. Cela, bien sûr, d'après l'avis des sorciers qui relient obligatoirement les événements qui affectent ceux qu'ils considèrent comme leur ennemi aux procédures menées à leur encontre. Ainsi, dans cette optique les persécuteurs des Lelavasseur payèrent très cher leurs méfaits car le premier vit sa maison incendiée et le second la faillite de son commerce. Le tourmenteur de monsieur Lemoine, démasqué par une série de cuisantes dermatoses, perdit son emploi. Quant aux affaires Hennec et Le Litré, toutes deux se conclurent par le trépas des envoûteurs. Le premier décéda trois ans après une succession d'attaques cardiaques et le second fut écrasé par son tracteur. Alors qu'il fauchait un talus, l'homme arrêta sa machine sur le bord, laissant le moteur tourner, et descendit dans le fossé ôter une pierre qui gênait sa progression. C'est alors que l'engin bascula.

Prière de retour d'affection

« Grand saint Joseph
Puisque les grandes puissances viennent du ciel,
Je vous conjure
Par le bonheur incomparable que vous reçûtes
Lorsque vous fûtes le vrai et le légitime époux de Marie,
La Sainte Mère de Dieu
De me ramener (*dire le nom de la personne*)
Qui est mon bonheur et ma vie
Et qu'il reste fidète à mon amour.
Donnez-moi cette joie,
Je vous Louerai ici-bas
Et vous vénérerai à jamais
Jésus, Dieu du salut,
Je vous prie par la vertu de cette prière que je viens de vous faire en l'honneur de vos cinq plaies de me Ramener (*dire le nom de la personne*) pour toujours.
Je vous en supplie,
Ô vous qui pouvez tout,
Exaucez-moi Seigneur
Ainsi soit-il. »

Les critères d'appréciation

Comme nous avons pu le voir au travers des affaires présentées, la sorcellerie est jugée efficiente par ceux qui y ont recours. Tous estiment que leur situation s'est améliorée et que celle-ci correspond peu ou prou à ce qu'ils souhaitaient. Les Le Litré et les Hennec sont débarrassés de leurs indésirables voisins et les sortilèges censés être à l'origine des drames de madame Lelavasseur et de monsieur Lemoine cessent avec ce qui est censé être le châtiment de leurs supposés persécuteurs. Madame Leroy se félicite également des services de madame Arlène car elle n'est plus importunée par son encombrant mari. Monsieur Trouadec met au crédit de son sorcier la reprise de ses relations avec son ex-petite amie. Mesdemoiselles Pailec et Gaudeur considèrent que leurs anciens compagnons ont été punis de les avoir abandonnées et que leurs nouveaux et prodigues conjoints ont succombé à leurs charmes du

La balle maléfique. Balle de tennis recouverte de plumes.
Collection D. CAMUS.

de l'efficacité sorcière

fait des multiples interventions de messieurs Conté et Jamelin. Pour ce qui est de monsieur Poulard, nous avons vu qu'il a été très vite entraîné par la roue de la fortune.

En clair, les uns et les autres pensent que les événements qui leur ont été favorables résultent des œuvres de celui qui a pris en main leur destin et qu'ils ont vu opérer. Sur ce point, la manipulation d'objets par le sorcier est d'une grande importance car pour le client elle ancre les choses dans le réel et lui montre qu'il agit effectivement pour lui.

Cela a, bien sûr, pour conséquence de façonner son jugement et il admet sans peine l'appréciation que le sorcier portera sur les conséquences censées découler de ses actes. Car, en définitive, lui seul peut affirmer que si l'effet désiré se produit, cela est dû à ses œuvres. Les tiers, y compris le client, n'ont que la latitude d'adhérer à cette assertion, en fonction de leurs intérêts. Corrélativement, un observateur extérieur, même un ethnologue présent pendant ces opérations, ne peut dire si les faits qui surviennent lui sont imputables ou dus au hasard ; ceci tout simplement parce qu'on ne peut être simultanément auprès de ceux qui agissent et en présence de ceux qui sont supposés subir cette action.

C'est d'ailleurs pourquoi les revers qu'essuient les protagonistes des affaires de sorcellerie sont toujours commentés par l'entourage – ceux qui ne savent pas à quoi s'en tenir – comme résultant de la fatalité (bien évidemment, ceux qui savent de quoi il retourne ne vont pas clamer qu'ils sont victimes d'un retour de sort, c'est pourquoi un seul discours peut être perçu).

Ainsi, l'écrasement du jeteur de sorts supposé des Le Litré fut considéré comme un accident « bête » qui aurait pu être évité si le paysan avait coupé le moteur de son tracteur dont les vibrations ont, d'un avis unanime, fait céder le frein à main, peut-être par ailleurs incorrectement enclenché.

Tous associèrent également la fatale rechute du prétendu persécuteur des Hennec à son surmenage, à son rythme de vie jugé déraisonnable. Il en alla de même pour la maladie qui affligea l'ancien conjoint de mademoiselle Gaudeur. Pour ce qui est du tragique accident de voiture dont fut victime monsieur Leroy, quoi de plus banal qu'une collision entre un camion et un automobiliste fatigué et imbibé d'alcool ?

Poupée à clous. Papier mâché et ficelle. 50 cm.
Collection D. CAMUS.

Quant à l'incendie d'une maison ou la faillite d'un commerce, ce ne sont pas des faits exceptionnels, pas plus que le licenciement d'un employé. Enfin, que des hommes fortunés succombent aux atours de jeunes femmes est loin d'être insolite, même si mesdemoiselles Pailec et Gaudeur savent à quoi s'en tenir.

A la finale, l'ethnologue ne peut qu'enregistrer des discours. Et les seuls capables de rendre compte de la réalité de la sorcellerie sont ceux produits dans l'interaction client-sorcier : ceux qui émanent de personnes dont les désirs et les perspectives d'avenir sont contrariés à cause d'un tiers et ceux qui proviennent de gens qui interprètent leurs malheurs selon une origine extérieure personnalisée.

Pour les premiers, la chose est simple : leur drame cessera dès qu'ils auront suffisamment obtenu satisfaction, même si les objectifs initialement fixés se sont modifiés au fil du temps, à mesure qu'étaient multipliées par les sorciers - soi-disant du fait des événements - les conditions requises pour pleinement répondre à la demande initiale. Par exemple, mademoiselle Gaudeur se contenta de ce que les personnes qui lui faisaient obstacle ne soient plus en travers de sa route et non pas qu'elles passent de vie à trépas comme elle le projetait initialement, aveuglée de chagrin, de dépit et de colère.

En ce qui concerne les envoûtés, l'affaire doit, bien évidemment, se conclure par l'arrêt des malheurs et le recouvrement d'une situation sensiblement similaire à celle dans laquelle ils se trouvaient avant que ne commence le calvaire. Mais la punition du coupable semble être la seule réponse susceptible de les contenter car elle est pour eux la garantie d'un retour durable à la normale. En effet, qui peut dire si « l'autre » ne recommencera pas ses œuvres funestes ?

En définitive, la sorcellerie apparaît comme une forme originale de résolution de malheurs nés de conflits sociaux. Bien évidemment, son efficacité suppose un langage culturel quant aux moyens d'y mettre fin, lequel doit revêtir une certaine dimension morale pour éviter les abus. C'est notamment le rôle que joue le principe du « choc en retour » car il tempère les velléités belliqueuses des demandeurs d'envoûtements (« *plus on en veut, plus le risque de tout perdre augmente* », commente à ce sujet madame Arlène). En cela on peut considérer qu'il s'agit là d'une thérapie collective et non pas d'une cure individuelle relevant plus ou moins de la psychanalyse, comme cela est souvent avancé, même si le traitement est individualisé.

C'est seulement lorsque la source des maux, qui se situe au sein du corps social, sera jugulée que se fera le retour à la normale, que le souffrant réintégrera son rôle de citoyen actif.

Mais cette purification du corps social de ses agents pathogènes doit s'effectuer sans que l'ordre public soit perturbé, sans qu'ait lieu le passage à l'acte violent de celui qui s'estime victime d'un tiers.

C'est pourquoi, dans les affaires de désenvoûtement, c'est le sorcier qui se charge du châtiment, lequel est toujours discret car susceptible d'une interprétation autre que celle du magique. C'est également la raison d'être de la théorie du « choc en retour ».

Aussi, une affaire portée à la connaissance de tous, généralement parce qu'elle fait l'objet de poursuites judiciaires, est une affaire non résolue, qui a mal tourné, parce que l'un de ses protagonistes n'a pas suivi le précepte qui s'impose en la matière : laisser faire celui qui est habilité à opérer. Une règle sur laquelle repose l'efficience de cette thérapeutique particulière dont, paradoxalement, le but vise à la régulation de tensions sociales. Un objectif qui aussi surprenant que cela puisse paraître fait du sorcier un « clinicien du social ». Un professionnel donc, qui, quoi qu'on dise des moyens qu'il emploie, s'efforce tant bien que mal de résoudre des situations dramatiques susceptibles, autrement, d'alimenter la rubrique des faits divers.

A cet égard la sorcellerie contemporaine française est très proche de celle que nous connaissons d'anciennes civilisations ou qui a cours dans d'autres pays, sous d'autres lattitudes.

Page de droite :
Statuette féminine percée de morceaux de bois brûlés. Papier et ficelle, 29 cm.
Collection D. CAMUS.

Postface

Comprendre et aider la personne « ensorcelée »

La croyance en la sorcellerie semblerait relever d'une époque dépassée. Et pourtant, les statistiques indiquent que le recours aux forces paranormales ou occultes est loin de diminuer. Pour répondre à la demande de leurs clients, les libraires consacrent une part importante aux rayons ésotériques. Pour faire face aux sollicitations de plus en plus nombreuses qui leur étaient adressées, les évêques ont nommé des prêtres exorcistes dans des diocèses où il n'y en avait plus depuis plusieurs décennies. Alors qu'ils n'étaient qu'une vingtaine en France métropolitaine il y a vingt ans, nous sommes actuellement 119. Et de plus en plus souvent, nous sommes secondés par des équipes d'accueil et d'accompagnement.

La plupart de ceux qui demandent à nous rencontrer estiment qu'ils sont victimes d'un envoûtement : ils souffrent physiquement et/ou moralement, et « les médecins n'ont rien pu faire ». Mal dans leur peau, culpabilisés, déprimés, ils se sentent dévalorisés, rejetés de tous côtés. Ils ont subi toutes sortes d'échecs sur le plan affectif, scolaire, universitaire, conjugal, professionnel. Peuvent alors surgir des phénomènes inexpliqués : auditions de bruits anormaux, perceptions d'odeurs insupportables, déplacements ou disparitions d'objets, sentiment d'une présence insolite. Pourquoi cette répétition de malheurs ? Les voyants ou guérisseurs, que beaucoup ont consultés, ont pu les aider dans un premier temps mais, devant l'insuccès final, les ont induits ou renforcés dans l'idée qu'ils sont victimes d'un mauvais sort, de forces maléfiques (il est extrêmement rare qu'ils nomment Satan).

Si nous interrogeons notre entourage, après un premier temps où ils vont afficher leurs moqueries pour des croyances d'un autre âge,

Statuettes de la Vierge sur la façade d'une maison en Alsace.
Ph. H. LERSCH.

nos interlocuteurs, « en y croyant et sans y croire », vont faire part de phénomènes bizarres advenus chez telle personne de leurs relations. Les regards se ferment alors ou se font complices, et tel ou tel admettra être allé voir un voyant ou un « bon » sorcier reconnu comme efficace.

La croyance au pouvoir sorcier touche les couches les plus profondes et les plus obscures de notre personnalité.

Page de droite :
Tableau de mission pour l'éducation des jeunes filles, Congrégation du Mené à Vannes. (Morbihan). XIXe siècle, collection Musée de la Cohue, Vannes.
Ph. Y. BOËLLE.

Face à la souffrances, aux malheurs qui arrivent inopinément et qui l'écrase parfois, l'homme a toujours essayé de se donner une explication. Question lancinante ! Quelle en est la cause et, surtout, comment s'en débarrasser ? Les anciens ont imaginé l'existence d'êtres subtils, sortes d'esprits mauvais, invisibles mais puissants. Personnifier ainsi le mal permet d'accuser quelqu'un, de le combattre, quitte à confier la charge de cet engagement difficile à un autre plus puissant, au risque, en même temps, de se déresponsabiliser, d'éviter tout engagement personnel.

Certains sorciers, pour ce combat, reprennent des traditions qui ont conféré aux démons des noms propres : Béelzébul, Asmodée, Lucifer, Satan, etc. On peut être surpris que l'envoûteur ou le désenvoûteur s'adresse à ces esprits dans ses prières conjuratoires ou incantatoires en leur donnant des ordres « par la vertu de la Très Sainte Trinité ou da la Très Sainte Vierge Marie ». Mais il ne faut pas oublier que la « force » du sorcier lui vient essentiellement, ainsi que le souligne Dominique Camus, de la puissance créatrice de la parole et de la fascination qu'il exerce sur son client. Celui-ci doit avoir pleine confiance dans l'importance de chacun des éléments du rituel et dans leur efficacité.

La croix nouée. Rembourrage de matelas et fil rouge. 21 cm. Collection D. CAMUS.

Dagyde féminine d'envoûtement sexuel exprimant la violence. Plâtre et ficelle, 29 cm. Collection D. CAMUS.

Prêtres exorcistes, nous ne saurions entrer dans un tel schéma de pensée où le hasard n'a pas de place, où les malheurs s'organisent en série persécutoire, où le pouvoir est compris comme l'aptitude à dominer, à asservir autrui. Loin d'aliéner nos consultants en les entretenant dans un univers magique, nous essayons de les aider à prendre de la distance par rapport au système clos et violent dans lequel ils risquent de s'engager ou se sont déjà engagés. Le plus souvent, ils n'ont pas eu recours aux sorciers, mais ils ont pris le système magique comme grille de lecture des événements malheureux qui ont marqué leur existence. Ils attendent que soit conjuré le sort qui pèse sur eux et devant lequel ils se sentent impuissants. Ils vivent ce drame dans une quasi-position de « mort sociale » et ils ont besoin de tous les soutiens possibles.

L'accueil et l'écoute sont d'une importance primordiale. Avant de prononcer une parole adaptée à la situation, il est important d'être attentif à ce qui est vécu par ceux qui ont la conviction d'être envoûtés. Leurs difficultés sont d'ordre existentiel. Autant que les faits qu'ils évoquent, il faut prendre en considération la façon dont ils les présentent, les interprètent et les vivent. Ce qui importe, ce n'est pas d'élucider intellectuellement un problème, mais d'accueillir des personnes, de laisser respectueusement la place à la libre expression de leurs sentiments et de les accompagner pour les aider à se libérer.

Toute approche réductrice, qu'elle soit d'ordre strictement psychologique, rationaliste ou spiritualisante, serait une impasse. Il apparaît à l'expérience plus important de considérer le fait sorcier dans sa complexe réalité physique. Si, selon Saussure, « le point de vue crée l'objet », ce qui importe, c'est l'expérience vécue par ceux qui pensent à un envoûtement et non la réalité des faits qu'ils évoquent. C'est leur point de vue qui fonde l'objet « sorcellerie ». La lecture de ce livre le montre abondamment.

Accueillir ces personnes qui souffrent, accueillir leur parole, parfois leurs larmes, permettre l'expression de leur souffrance, parfois de leur agressivité, c'est le premier pas à faire, indispensable, pour cheminer avec elles et les aider à exorciser la peur et la haine, qui sont toutes les deux mauvaises conseillères, dangereuses messagères conduisant à la violence.

Diable vient du mot grec « diabolos », le calomniateur. Est diabolique ce qui conduit ces personnes à une importante incapacité de symboliser, de dialoguer, de retrouver l'équilibre sur le plan familial, social et professionnel.

Pour « aider les fidèles tourmentés » à mener la lutte contre les forces du mal, l'Église offre les prières du « Rituel pour les Exorcismes ». Cette célébration n'a rien à voir avec « l'exorcisme comme à la télévision » qui risque de provoquer l'angoisse et l'agressivité. Il ne s'agit pas de formules magiques mais de prières diverses, humbles et confiantes, pour demander à Dieu la Force, la Paix, la sérénité, parmi lesquelles le prêtre choisit les plus adaptées à la situation.

Cette cérémonie comporte le geste de l'imposition des mains : imposer les mains avec foi, en faisant appel à la miséricorde de Dieu (étymologiquement, avoir du cœur pour ceux qui sont dans la misère) et donc à son amour, c'est manifester corporellement la présence bienveillante du Christ et de son Esprit. Face au diabolique, il est bon de signifier la force symbolique et aimante du geste fraternel au nom de Dieu. C'est entrer dans la longue tradition de l'Église, qui toujours s'est souvenue de l'attitude du Christ, imposant les mains sur les malades, les exclus, les enfants, sur ceux à qui il confiait une mission.

Abbé Isidore Froc
Exorciste délégué, Diocèse de Rennes.

Croix forestière. Le Quiou, Côtes-d'Armor.
Ph. D. CAMUS.

BIBLIOGRAPHIE

Philippe Alfonsi, Patrick Pesnot, *L'Œil du sorcier*, Paris, Robert Laffont, 1973.

Francis Bavoux, *La Sorcellerie en Franche-Comté*, Monaco, Le Rocher, 1954.

Jean Bodin, *La Démonomanie des sorciers*, Paris, 1587, réédition Gutenberg, 1979.

Henri Boguet, *Discours exécrable des sorciers*, Lyon, 1602, Paris, Le Sycomore, 1980.

Jean-Louis Boncœur, *Le Village aux sortilèges*, Paris, Fayard, 1979.

Marcelle Bouteiller, *Sorciers et jeteurs de sorts*, Paris, Plon, 1958.

Michèle Brocard-Plaut, *Diablerie et sorcellerie en Savoie*, Le Coteau, Horvath, 1986.

Dominique Camus, *Pouvoirs sorciers : enquête sur les pratiques actuelles de sorcellerie*, Paris, Imago, 1988, réédition 1999.

– *Paroles magiques, secrets de guérison : les leveurs de maux aujourd'hui*, Paris, Imago, 1990, réédition 1999.

– *Voyage au pays du magique : enquête sur les voyants, guérisseurs, sorciers*, Paris, Flammarion, 1995.

– *Jeteur de sorts et désenvoûteurs*, t. 1, *La Délivrance*, Paris, Flammarion, 1997.

– *Jeteur de sorts et désenvoûteurs*, t. 2, *Le Châtiment*, Paris, Flammarion, 1999.

– *Jeteur de sorts et désenvoûteurs*, t. 3, *La Vengeance*, Paris, Flammarion, 2000.

Josiane Charpentier, *La Sorcellerie en Pays basque*, Paris, Guénégaud, 1977.

Robert Colle, *Sorciers, sorcières et guérisseurs en Aunis et Saintonge*, La Rochelle, Rupella, 1979.

René Crozet, *La Sorcellerie en Auvergne*, Roanne, Horvath, 1978.

Pierre De Lancre, *Tableau de l'inconstance des mauvais anges et démons*, 1612, Paris, Aubier, 1982, présentation par Nicole Jacques-Chaquin.

Grillot de Givry, *Le Musée des sorciers, mages et alchimistes*, Paris, Henri Veyrier, 1980.

– *Le Dragon rouge*, Paris, Belfond, 1980.

Jeanne Favret-Saada, *Les Mots, la mort, les sorts*, Paris, Gallimard, 1979.

Vincent Foix, *Sorcières et loups-garous dans les landes*, Garein, Utreïa, 1988.

Isidore Froc, *Exorcistes*, Paris, Droguet et Ardant, 1992.

Le Grand et le Petit Albert, Paris, Belfond, 1979.

Henry Institoris, Jacques Sprenger, *Le Marteau des sorcières : malleus maleficarum*, 1486, Paris, Jérôme Millon, 1990.

Robert Jalby, *Sorcellerie et médecine populaire en Languedoc*, Nyon, L'Aygues, 1974.

Charles Lancelin, *La Sorcellerie des campagnes*, Paris, Perthuis, 1968.

Marcel Mauss, « Esquisse d'une théorie générale de la magie », in *Sociologie et Anthropologie*, Paris, PUF, 1980, p. 3 à 145.

Jules Michelet, *La Sorcière*, Paris, Flammarion, 1966.

Robert Muchembled, *La Sorcière au village*, Paris, Gallimard, 1979.

Jean Palou, *La Sorcellerie*, Paris, PUF, coll. « Que sais-je ? », n° 756, 1966.

– *Rituel de haute magie de Cornelius Agrippa*, Paris, Belfond, 1980.

Rolland Villeneuve, *Le Dictionnaire du diable*, Paris, Bordas et fils, 1989.

Gaston Vuillier, *En Limousin, sorcellerie, croyances et coutumes populaires*, J.-P. Guyss, 1983.

REMERCIEMENTS

L'auteur remercie

Hugues Berthon, Serge Ponge, Dominique Poyac, Palymra Lobo,
Père Isidore Froc, Louis Perrigue ;

les photographes Yvon Boëlle, H. Berton-Serest, Loïc Girre, André Mauxion,
Marc Paygnard, Claude Pasquier, Richard Nourry
et plus particulièrement Claude Herlédan pour son travail sur les objets ;

le Cartopole de Baud (Morbihan), le Musée de la Sorcellerie (Blancafort, Cher)
le Musée Alice Taverne (Ambierle, Loire), le musée des A.T.P. (Paris),
le Musée départmental Albert Demard (Champlitte, haute-Saône).

TABLE DES MATIÈRES

Cet ouvrage a été achevé d'imprimer par l'imprimerie Pollina à Luçon (85) - N° L82487
I.S.B.N. 2.7373.2555.2 - N°d'éditeur :3937.01.09.02.01
Dépôt légal : février 2001